草根神话 系列丛书

情感救助站

安 健/编著

中国出版集团 现代出版社

图书在版编目(CIP)数据

情感救助站 / 安健编著. —北京：现代出版社，2013.5(2021.8重印)
(草根神话)
ISBN 978-7-5143-1543-1

Ⅰ.①情… Ⅱ.①安… Ⅲ.①成功心理—通俗读物
Ⅳ.①B848.4-49

中国版本图书馆CIP数据核字(2013)第079040号

编　　著	安　健
责任编辑	肖云峰
出版发行	现代出版社
通讯地址	北京市安定门外安华里504号
邮政编码	100011
电　　话	010-64267325 64245264(传真)
网　　址	www.xdcbs.com
电子邮箱	xiandai@cnpitc.com.cn
印　　刷	北京兴星伟业印刷有限公司
开　　本	700mm×1000mm 1/16
印　　张	12
版　　次	2013年5月第1版　2021年8月第3次印刷
书　　号	ISBN 978-7-5143-1543-1
定　　价	32.00元

前 言
QIAN YAN

　　读小学时的一首诗至今仍然不时地回荡在记忆里,那就是白居易的《草》:"离离原上草,一岁一枯荣。野火烧不尽,春风吹又生。"野草具有顽强的生命力,它是斩不尽锄不绝的,只要残存一点根须,来年就能重新发芽,很快蔓延原野。那草正是胜利的旗帜,烈火再猛,也无奈那深藏地底的根须,不管烈火怎样无情地焚烧,一旦春风化雨,又是遍地青青的野草,野草的生命力是多么的顽强!

　　野草因其平凡而具有顽强的生命力;野草是阳光、水和土壤共同创造的生命;野草看似散漫无羁,但却生生不息,绵绵不绝;野草永远不会长成参天大树,但野草却因植根于大地而获得永生。野草富有民众精神,它甚至于带着顽固的人性弱点。草根具有强大的凝聚力,更具有强大的生命力和独立性。草根代表着这样一群人:他们知道自己很优秀,眼界比别人宽,舞台比别人大,但是他们简单,低调,很热爱身边的每个人,不自大,很快乐地骄傲着。他们来自祖国各地,聪明程度毋庸置疑,但仅有聪明是不够的。尽管他们曾经踌躇满志,但前路是遥远而坎坷的。或者因洁身自好,或者因厌倦红尘,或者因能力不够,或者是命运的捉弄,最终并非每个人都会站在时代的巅峰,也并非每个人都愿意站在时代的巅峰。从他们身上,我们也看得出社会对我们的期许,这就足够了。

对大多数青年而言,上大学是成才和进步的最佳路径,但由于环境和个人因素的诸多制约,不少人的大学梦往往止步于虚幻的梦想阶段,他们对于拥有知识、成就自我的热望,也就此沉淀在琐屑的劳作里。高等教育在一定程度上制约了社会群体的流动,也可能让部分人丧失努力和奋斗的勇气。其实,草根才是主流,草根人物的辉煌人生才是真正的神话。草根人物对自己内心观察和发展前途的思考是什么?草根人物崛起之路的底蕴是什么? 草根人物的发展方向和步骤是什么? 本书从人生起伏视角发掘古今中外草根人物的困惑和崛起根源,探讨草根人物的创业思路和挣钱方法,求证草根人物成功的秘密所在。旨在通过草根人物的传奇人生,深刻地解读他们的成功细节,是一部真正意义上的草根人生百科全书。

本丛书以专业独特的视角,轻松幽默的笔触,为你还原一个个古今中外草根人物的别具一格的传奇人生,深度解读他们成功路上的呐喊、彷徨和成就,为你带来一种真正意义上的心灵震撼之旅。

尽管我们付出了诸多的辛苦,然而由于时间紧迫和编者的能力所限,书稿错讹之处在所难免,敬请各方面的专家学者和广大读者批评指正,我们将不胜感激!

编者

2012年11月

目　录

第十一章　做个诗意而睿智的女子

开篇　草根的神话

<table>
<tr>
<td>草根的含义</td>
<td>　　"草根"直译自英文的grass roots。
　　有人认为它有两层含义：一是指同政府或决策者相对的势力，这层含义和意识形态联系紧密一些；二是指"草根阶层"，人们平常说到的一些民间组织，非政府组织等等一般都可以看作是"草根阶层"。</td>
</tr>
</table>

"草根"一词的来源

有学者把非政府组织(也称为非官方组织，即NGO)称作草根性人民组织；另一种含义是指同主流、精英文化或精英阶层相对应的弱势阶层。比如一些不太受到重视的民间、小市民的文化、习俗或活动等等。

从各种文章来看，实际应用中的"草根文化"的含义远比以上的解释来得丰富。至少"无权"还是草根的特征之一。

网络也应该是一种草根文化(grass-rooted culture)，它所能表述的是一种非主流、非正统、非专业或曰爱好者，甚至纯然出自民间草泽的人所构成的群体，他们使之区别于正统的主流的声音，有其独立存在的理由和独特优势。

还有另一种解释为出自民众的人：草根英雄，草根明星。

"草根"的说法产生于19世纪美国寻金热流行期间，盛传有些山脉土壤表层、草根生长的地方就蕴藏黄金,即英文grass roots。

"草根"在网络和现实中的解释可以说很全面。每一篇都谈到了"草根"及其来源,英语、汉语的解释,也都承认最早是流行于美国,而后在20世纪80年代传入中国,又被赋予了更深的含义,在各领域都有其对应的词语。正如"Do News"(IT新媒体资讯平台)的创建者刘韧在其博客《草根的感激》中说的一样:"草根是相对的。"

有一种说法叫"合群之草,才有力量"。这句话有两种解释:

第一就是不要孤芳自赏,要主动合作。

第二是人多力量大,团队合作的重要性,一棵草是永远也长不成参天大树的。

"草根"人物及其性格特点

近年来文化研究,学人多有引用"草根"一说者。野草因其平凡而具有顽强的生命力;野草是阳光、水和土壤共同创造的生命;野草看似散漫无羁,但却生生不息、绵绵不绝;野草永远不会长成参天大树,但野草却因植根于大地而获得永生。

野草富有民众精神,它甚至带着顽固的人性弱点,草根性具有强大的凝聚力,更具有强大的生命力和独立性。

"草根"人物主要有以下两个特点:第一,顽强。应该是代表一种"野火烧不尽,春风吹又生"的生命力;第二,广泛。遍布每一个角落。所以,每一个在自己键盘上坚持更新的Blogger(写博客的人,亦称博主)都是草根。

草根代表着这样一群人

他们知道自己很优秀,眼界比别人宽,舞台比别人大。但是他们简单,低调,很热爱身边的每个人,不自大,很快乐地骄傲着。

在我们身边有这样一群人:他们知道自己很优秀,眼界比别人宽,舞台比别人大。但是他们简单,低调,很热爱身边的每个人,不自大,

很快乐地骄傲着。

人们都喜欢艺术家,那种提法怎么说呢,对人民艺术家来说,这个帽子足够大吧。

但是现在的娱乐界,尽管人人都喜欢被称为艺术家,但有些明星只能叫娱乐人,却不能叫艺术家。

身为尽人皆知的草根英雄,赵本山无疑是位值得尊敬的艺术家。20世纪80年代,赵本山与潘长江在沈阳北市大戏院演出《大观灯》,一演就是上百场,创造了演出奇迹。

如今已经成腕的赵本山在演出时还是一丝不苟。在很多人的眼里,赵本山跻身艺术家的理由显然充足,通过东北二人转这个东北三省人民的娱乐方式和精神母体发扬光大,同时将中国小品玩味到极致。

其实,英雄莫问出处,赵本山更值得人尊敬的在于当草根成了英雄后,自身仍保持着草根情结,在事业做得游刃有余之时,反手对东北二人转来记"化骨绵掌",揭开拥有近300年历史的二人转的那块羞答答的红盖头。

从东北二人转到赵氏小品再到影视剧,赵本山用一记装疯卖乐、假痴不癫大法,将东北语言和民间元素表现得淋漓尽致。

放眼时下娱乐界,能做到像赵本山这般对人性和社会现象予以自嘲的同时,对娱乐界进行解构和推进的,有几人呢?毫无疑问,与假痴不癫相比,装疯卖乐更是一种人生大境界,没有几个人真正能够做到。

还有最受欢迎的草根歌手李宇春,她成功的一大标志是拥有着众多的"玉

米"和人气。当她登上美国《时代》周刊封面有人撰文说:"李宇春登上《时代》周刊封面,中国呼唤平民英雄。"

其实,2005年"超级女声"的火爆,和境内外媒体的煽风点火不无关联。国内的主要报刊在6月份迅速跟进"超女"选题,有相当大一部分都是受到《今日美国》和《巴尔的摩太阳报》两份报纸的影响。

毕竟,在某种意义上,中国的影像工业造星乏术。尽管有若干影星占据银幕,也有少数摇滚歌手可以炒热体育场,但鲜有电视荧屏上的面孔能够真正出位,而这也正解释了为什么一个名叫李宇春的21岁四川女生会成为中国最受欢迎的流行歌手。

李宇春在湖南卫视那档类似"美国偶像"的歌唱比赛中胜出,并赢得了她独一无二的称号:"蒙牛酸酸乳超级女声"——这个节目吸引到了中国电视史上最大的观众群。

实际上,李宇春现象早已超越了她的歌声。李宇春所拥有的是态度、创意和颠覆了中国传统审美的中性风格。但是,李宇春确实拥有更多含义:她代表了张扬的个性,这就是她成为全国偶像的原因。

换言之,李宇春的个性特质是:其中性化的特点,在这个泛娱乐时代恰到好处地迎合了中性时代的到来。而李宇春其人的成功之处也在于,拥有自身的机遇,加之自身确实拥有一定的实力和努力,从而赶上了一个疯狂的娱乐时代。

李宇春本人亦是借"超女"包装出来的,借"超女"疯出来的,借一帮娱乐粉丝抬出来的。

正如同传统媒体和经纪公

司捧出明星一样，网络媒体自被广泛认可以来，也不断地捧出一个个网络名人，网民是一个特殊的群体。70后的人群在2000年前后，是网络的主力军，他们中的很多人都很有才华，也颇具个性。因而，网络吹捧出了大量的网络写手。

比如，2010年5月腾讯微博入驻过一位刚大学毕业的大学生，他用自己的亲身经历写出被新媒体、各大纸媒誉为中国首部最为经典的微小说《eilikochen京都生活记》，也被称为微小说创始人，他就是陈鹏。

年轻的他成为北漂的代表，腾讯微博粉丝数万，开创了文学史上新的篇章。

《eilikochen京都生活记》是中国首部及时纪实性连载微小说，作者陈鹏先生从2010年5月开始在腾讯微博实时在线写作，随时接受网友的互动参与，陈鹏自己的故事或身边的见闻趣事随时有可能被作者写进微小说里，因此受到网友的热捧。

但人们追捧这部微小说，不仅仅因为它是国内外线上发表的第一部微小说，更因为这部小说道出了现代人心中对现实生活、对各类情感的困惑与迷惘。

《eilikochen京都生活记》已在腾讯微博独家网络在线发布，至今仍在连载已更新发表一百四十回。

草根族

在论坛和博客中，开展评论非常自由，工资低可以呼吁，房价上涨可以发发牢骚，出租车提价可以评论，特别是在论坛上彼此互动，你一言我一语甚至争得不可开交。大家觉得很爽快。

"草根族"的评论有许多并没有石沉大海。

2003年，新华社首次披露中央高层领导对网络的重视看来"草根族"的评论并非人微言轻，"香草根"的"舆论场"作用，日益受到中南海高层的重视和肯定。

> ### 草根族
>
> 时下"草根族"这个称呼很盛行，据说"草根族"这个称呼最早来源于法国资产阶级大革命时期，是对社会底层的百姓的一种称呼。
>
> 现在其所指也是社会最下层——平民老百姓的意思。互联网的论坛和博客为"草根族"搭建了一个自由言论的平台，他们可以畅所欲言的谈天下、谈社会、谈热点、谈对一些政策的看法。

然而"草根族"中也有"毒草根"。个别网民编造的谣言之所以具有强大的杀伤力，当然与网络的传播特性有关。通过转帖、邮件、即时聊天工具发送等方式，一个查无实据的谣言很快就能覆盖数量广泛的人群，进而在社会上造成严重的影响。

看来"草根族"中也有良莠之分，"草根族"在网络中应大力提倡自律，遵纪守法，自觉做促进社会主义文明的网民，共同创建健康的、积极向上的、文明的网络环境。

草根文化

"草根文化"是伴随着改革开放思想的解放、意识观念的革命、科技进步、市场经济发展、创新2.0的逐步展现引发的创新形态、社会形态变革及

其带来的社会大众道德观念、爱好趣味、价值审美等变化出现的文化多样化的发展趋势,在民间产生的大众平民文化现象。

后来"草根"一说引入社会学领域,"草根"就被赋予了"基层民众"的内涵。

社会学家、民俗学家艾君在"改革开放30周年解读"中认为,每一次思想的解放、社会变革和科教的进步,都会派生和衍生出一些特殊的文化现象。

它的出现体现出改革开放后文化的多样性特点,也可以从一定意义上反映出以阳春白雪占主流的雅文化的格局已经在承受着社会文化中的"副文化、亚文化"的冲击。

这种特殊的文化现象其实是社会民众的一种诉求表达,折射出社会民众的一种生活和消费需求,以及存在的心理需求。

它具有平民文化的特质,属于一种没有特定规律和标准可循的社会文化现象,是一种动态的、可变的文化现象。科学技术发展引发了创新形态、社会形态的变革,创新2.0也正在成为知识社会条件下的典型创新形态并影响社会的草根化进程。

Web2.0是创新2.0在互联网领域的典型体现,而Blog则无疑是Web2.0的典型代表。

作为管制而没有充分发展,博客提供给普通大众和媒体精英以及潜在媒体精英同样的发挥机会和展示的舞台。

既然媒体精英进入博客写作市场,那么在充分竞争之后,中国博客发展一定和美国的Blog反专业主义、反精英主义发展完全相反,所以中国的博客之后的发展,一定是继续精英化,而不是像在美国祖先一样草根化。

其实不用再多说什么了,那些指望通过BSP(博客服务托管商)的首页,给自己的blog带来流量的草根们,恐怕只好先把自己弄成精英再说了。

草根文化的定义

草根文化,属于一种在一定时期内由一些特殊的群体,在生活中形成的一种特殊的文化潮流现象,它实际是一种"副文化、亚文化"现象。

看看新浪推荐的优秀Blog,余华、张海迪、潘石屹、徐小平真是够精英的。如果幸运,说不定你可以在左下角"最新更新Blog"那里露一下脸。

不否认精英的影响力,实际上新浪正是在利用他们的这种影响力,来吸引草根们到它的网站上开blog,这会很有效果。

但互联网正在把影响力赋予那些以前不具有影响力的人,blog圈是条长长的尾巴,而每个blogger都是这个尾巴上的那么一点。这就是《纽约时报》所说的,"Every one is famous for 15 people"(每个人都可以在15个人中大名鼎鼎)。这15个人,可能包括你的恋人、朋友、同事,你对他们的影响力,可能远远超过那些精英们对他们的影响力。

比如,我告诉你应该看超女,你可能不会看,但你的女友告诉你应该看超女,你就真的看了。

回到前面说的媒体管制,实际上所有的管制都是一部分人对另一部分人的管制,一部分精英对另一部分精英话语权的剥夺。所以很多话只能在自己的Blog上说。

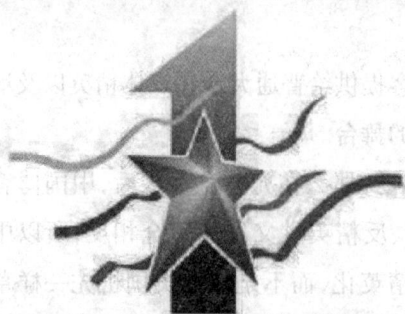

不过有的人不认为写Blog的人会是精英,只不过他的Blog的读者略多于其他Blog而已,但不会像《读者》那样拥有几百万读者。

从媒体的角度看Blog,它的读者总数正在快速增加。尽管每一个单独的Blog都很小众,但它们的读者再少,也一定会有最忠

The First Grass Roots Festival
草根文化艺术节

实的。

整个Blog圈的读者绝对是个可以跟任何媒体相抗衡的数字，这就是长尾的威力。管制几个精英很容易,但管制几百万Blogger很难。

中国的Blog圈不可能走向精英媒体的道路，因为再微弱的声音也有发出来的欲望和可能。门户网站用精英做招牌，目的还是吸引大量的草根。Blog让草根不再只是充当衬托精英的背景，至少在15个人中，每个Blogger都是一个主角。

"草根文化"的现实意义

健康向上的"草根文化"会形成对主流文化的重要补充,但愚昧落后的"草根文化"无可否认也会对传统意义上的主流文化带来辐射、腐蚀和冲击。

改革开放三十多年来,"草根文化"的风起云涌,从一定意义看,丰富了人们的文化生活,补充了人们的精神需求,体现了文艺的"百花齐放,百家争鸣",对主流文化进行了辅助和补充,使文艺体现出了真正的"雅俗共赏"之特点。但实际上对一些主流文化的普及和弘扬也是一种挑战。

任何的文化不能脱离了其社会价值和对社会发展所具有的责任,不能脱离了文艺的"二为"方向,"草根文化"因为其来自民间、来自生活,这些文化难免有的带有一定的糟粕和腐蚀性。

对待"草根文化"我们应该在"科学发展观"的指导下,剔除一些糟粕,尤其应该剔除那些对我国优秀的传统文化造成颠覆性的破坏较大的"草根文化",倡导和发展那些群众所喜闻乐见又对社会发展有进

> **博客的分类**
>
> 按照博客主人的知名度、博客文章受欢迎的程度,可以将博客分为名人博客、一般博客、热门博客等;按照博客内容的来源、知识版权,还可以将博客分为原创博客、非商业用途的转载性质的博客以及二者兼而有之的博客。

步意义的"草根文化"。

　　总而言之,对待日趋泛滥的"草根文化"现象,我们应该以"三个代表"重要思想为指针,以"科学发展观"为指导,采取"批判吸收的鉴赏态度",认真领会认识"继承和发展的关系""扬和弃的关系""批判和吸收的关系",继承和发扬"草根文化"中那些有益的精神文化内容,批判和剔除那些对人的修养、道德建设以及对社会发展、人类进步有腐蚀作用的"劣质内容",让"草根文化"真正成为主流文化的重要补充,成为构建和谐社会、实现全民小康的一种社会动力和精神财富,成为一笔宝贵的文化遗产。

第一章 小龙女的情感诊所

她是2011年中国境外上市公司中唯一一位女性创始人,也是这些上市公司中女性CEO中最年轻的一位(出生于1976年)。她人生经历坎坷,一个湖南的乡村女孩儿,打工后回到学校复读,考入北大,在复旦读研究生期间,创办婚恋网站。她不是夫妻档创业,她出生的家庭甚至连小康都不算,目前一大家人还靠她支撑。没有显赫家世的她,也算不上美貌,没有嫁入豪门,她完全凭借自己的顽强奋斗从这个社会的角落里,站到了金字塔尖部分。

第一节 人物解读

个人简介

龚海燕,女,汉族,湖南省常德市桃源县人,1976年出生,曾经辍学,以打工为生。网名"小龙女"、"潇湘燕子"、"辣椒",大学本科学历,毕业于北京大学中文系,取得了复旦大学新闻学院硕士学位。2003年10月8日,她自筹经费,建立了一个专为高校学子牵线搭桥的交友网站:世纪佳缘。现任世纪佳缘CEO。被称为"网络第一红娘"。

获得荣誉

2011年4月28日,由《中国企业家》杂志社主办的2011(第三届)中国商

界木兰年会在北京柏悦酒店举行，荣获2011年30位年度商界木兰。

人物事绩

2003年自创交友网站——世纪佳缘。

2004年，在自己的网站上成功下载人生的"另一半"，"世纪佳缘"网站也从上海传播至北美、欧洲、澳洲等地。

2005年，"世纪佳缘"进入中国交友网站前三名，龚海燕重返北京，将网站办公地点迁至亚运村附近。2005年7月获得复旦大学优秀毕业生之荣誉，毕业后放弃诱惑，将全部精力投入于世纪佳缘之幸福事业。

2006年初，"世纪佳缘"被艾瑞市场资讯评为婚恋交友类网站第一名。目前，"世纪佳缘"已有注册会员226万，42万会员在这里找到了自己的另一半。2006年6月1日，世纪佳缘成为微软中国MSN交友频道合作伙伴；2006年11月，被评为2006新媒体10强；

2007年4月，获得艾瑞新经济奖；2007年5月，成为新浪战略合作伙伴，承建新浪交友频道；2007年4月，获得新东方创始人徐小平、王强、钱永强4000万人民币投资；2007年6月，获得美国启明创投千万美金投资。

第二节　中国第一红娘的创业史

波折的早期生活

龚海燕出生在湖南省桃源县架桥镇一个贫困农家，从小就争强好胜。"初二开始，每个暑假我都卖冰棍赚学费。"

1992年的8月，龚海燕经历了大喜大悲：先是拿到直接保送省重点中学桃源一中的录取通知书，几天后就遭遇车祸，导致右腿粉碎性骨折！出

车祸时,她在卖冰棍的路上。这次车祸,让本不富裕的龚家欠下了3000多元的外债。坚持到高二上学期,龚海燕选择了辍学,当时,她的成绩名列年级第二。

她说服父亲,找亲戚借了3000多元钱,在乡小学附近开了一家学生用品店,她一个人上常德市的批发市场进货,一个人守店,一年下来竟然赚了7000多。她突然发现,原来钱挺好赚的。

在90年代中期全国正值流行南下打工潮,妈妈对她说,一个女孩子也该出去闯荡闯荡,总在家里没什么出息。就这样她怀着自己的青春和梦想跟着这股潮流来到了珠海。很快她就找到了工作,在一家日资企业里当一名车间操作工。在那段时间,工厂举办的技能比赛中她都多次获了奖,她说自己就是这样倔强的个性,要做就做到最好,要么就干脆不做。一次在厂里举行的作文比赛中她获了奖,又从操作工变成了众人可望而不可及的厂报编辑,就这样又干起了文字工作。

在打工的那段经历,龚海燕无时无刻不在为当初的辍学感到后悔,虽然那时候她在厂里的表现赢得厂领导的认可,工作上也取得了一定的成绩,可是珠海这个城市,远比自己家乡的山沟沟要美丽的多,要复杂得多,在自己向往的世界中她感到自己是那么的渺小,那么不堪一击。她想冲出去赢得另一片天地,可是自己却没有那样的力量。

她常常怀念曾经寄予希望的校园,每次她最不想听到就是自己以前的同学考上了大学,想到当初别人还没有自己成绩好,怎么他们可以考的上,我就偏偏要在这里打工,凭什么他们是天之骄子,而我确要做一个打工妹,一颗种子在她心里慢慢地生根发芽,她做了一个在很多人看来有点荒唐的决定,她要回到校园,重新开始读书,她要换一种活法,就这样1996年11月23日,辍学三年的龚海燕回到桃源一中读高二,这时她已快21岁,而当时国家规定的高考年龄线为24岁,"正好赶个末班车"。

历尽艰辛,考取功名

回到学校后她被学校当做教育学生的一个典型,校领导要求她在学校的广播进行演讲,讲述自己在外打工的困苦经历,用来安慰围城里面想逃出去的那些人。这只是一点小小的前奏,她的困难还没有真正开始。

在刚回到学校不久在一次联考中,她的成绩除了语文勉强及格外其余全部是一团糟,在班里排到了50多名。离开了3年,她的成绩又如何能补得回来呢,她已经21岁了,她还能安静地坐下来学习吗,那个时候学校和家里都在怀疑她的选择,而龚海燕自己却早已做好了计划。

她开始疯狂的追赶,似乎所有的知识都难以满

足她空旷的内心，每天除了5个小时的睡觉时间以外几乎没有任何休息。最不想失去的东西，突然间又得到了。在入学两个月后的考试中，她的成绩在班里已升至第16名，就是这样的努力很快就见了成效，她对自己的前途变得更有信心，一个更远的目标正在远

方等着她。在接下来的两年高中生活中，她几乎都是这样走过来的，从未有过任何的松懈。

1998年7月，这个辍学3年的女孩，在高考时她以县文科状元600分的成绩被北京大学中文系录取，2002年在北京大学毕业以后，她又被保送到了上海复旦大学读研究生。龚海燕用行动来还击曾经给予她的种种质疑，在别人看来不可能的事情她做到了。她说："这个世界没有奇迹，汗水才是改变命运的唯一利器。"

读研期间办起征婚网站

因为辍学3年，从高中到大学、到研究生，龚海燕一直比同班同学大，"我的个人问题就成了老大难。我妈特别着急，我只好开始征婚。"一说起这事，龚海燕就笑了起来，没有丝毫的扭捏。

在研究生二年级时龚海燕开始社会实践，最初她想创办一本0到6岁儿童的杂志，但是经过调研发现门槛很高，通过网友她无意了解到，做网站的门槛相对较低，当时她自己又是单身，深处异乡为异客，像她那样有着同样感受的人在城市的角落里忍受着孤独，渴望爱情，可是一连几次网上相亲的不愉快经历点亮了她的创业灵感。她要办一个婚恋网站，为更多的人提供相亲交流的平台以及空间，也可顺便解决自己的老大难问题。

网站征婚受挫萌发创业想法

龚海燕创办的世纪佳缘网站2011年成功在美国上市。从成立到美国上市，只经历了8年。而之前，她从未想过自己会办一个以婚恋交友为主的公司。

这一动机完全是当初在复旦大学读研时，在网站上找男友受到挫折后决定的。她是迫于父母亲"逼嫁"的压力，只好在交友网站上发出一封封"求爱信"，都是石沉大海。没料，她很较真，去网站查实，原来，她看到的男友信息大都是假冒的。她决定，自己办一家真实的交友网站。她的网站就这样开始了，"可以讲，挫折成就我的事业！"

在后来的经营中，员工跳槽、同行诋毁、资金断裂……种种矛盾，曾经都向她一一袭来。但都被她克服了。"大学生活才开始，以后会遇到无数的挫折，那不要紧，所有的挫折都将是成功事业最强大的支撑。"龚海燕说。

正是这两次受骗，才让她萌发了创办一个严肃的以婚恋为目的的交友平台。"当时没想到会做成这样，我自己是读媒介经营管理的，起初只想借网站练个手，同时也给自己或身边的研究生们提供一个平台。"

创办世纪佳缘

龚海燕说做就做。当时,她手上还有在北大读书时做家教积攒的近4万元钱。于是,她拿出1000元钱,制作了一个简单网页,网站成立的初期,她到处游说自己的同学、朋友来注册,"最初基本上都是我的朋友、同学。网页也特别简单,一个个往上面排。一开始是同济医大的一个女硕士,接着是上海交大的一个男博士,世纪佳缘就算开张了。"龚海燕回忆道。足足1000个用户都是龚海燕一个人一点点累积的,通过熟人的口口相传,世纪佳缘在高校、科研院所等人群中渐渐地有了一定的知名度。

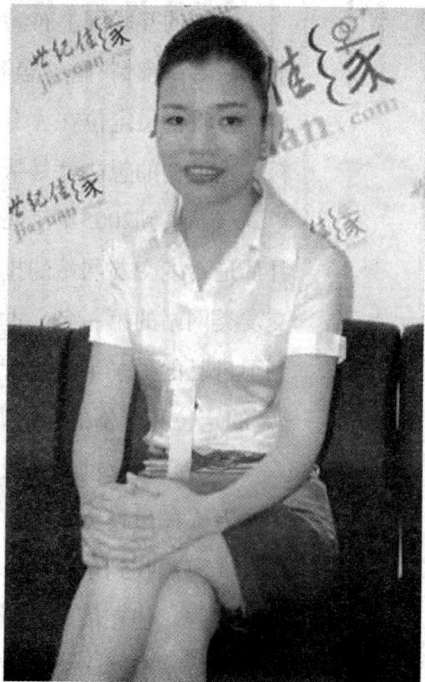

最初,龚海燕并未设想将其打造为盈利性的公司,只是作为"公益性"的社会实践,因此网站从一开始即为免费模式,从开始运营所需的费用都是龚海燕自己的积蓄在投入,渐渐地她自己也山穷水尽了,到底该怎么办。龚海燕正为资金苦恼时,转机就这么出现了,偶然和网友聊天谈到此事,结果那名网友竟然神不知鬼不觉地给她投了10万元,用来帮助她购买服务器、电脑,这也是她真正意义上的第一笔投资。伴随着网站用户数量的增多,自己的模式被越来越多的单身男女们认可,龚海燕才决定把世纪佳缘当做一个终身的事业来做。

800、1000、10000……网站的人数呈几何级数增长,龚海燕的脚步也无法停下来。2004

龚海燕微博

不少女人嫌男友个子太矮,对此我想说:现代社会拼的是智商、情商和财商,高大强壮只能确保男人在码头扛麻包混碗饭吃。说到底,决定人生幸福和成就的是一个人的个性,而不是身体的强弱。人的力量不在于身体的强壮,而在于坚定的意志与优秀的智慧。

年2月15日,在会员的要求下,龚海燕在北京、上海两地同时举办了交友见面会,竟然还赚了一万多元。当年,她注册成立了上海花千树信息科技有限公司。

这个网站让龚海燕收获的不仅是物质上的财富,还让她找到了另一半。"呵呵,他其实是我们网站的会员,在见面会上见过我,就在网上对我发了邀请,一见面,感觉还不错。"谈起老公,龚海燕笑了起来,"一个多月后,他就用自行车载着我办理了结婚登记,一共才花了9元钱。朋友们笑我们是老房子着了火,烧得特别快。"

靠严肃赢得市场

当时的互联网上布满了形形色色的交友网站,但由于门槛太低,几乎都充斥着一夜情、婚外恋等不健康的交友信息。龚海燕另辟蹊径,实行会员制,将会员定位在大专以上学历,并要求会员提交真实的身份证明资料。她最初的想法就是帮助身边大龄、高学历的朋友们找到合适的另一半,没想到,到2005年年底,"世纪佳缘"的会员已经达到32万人,连续几个月都是百度交友网站的排行冠军。2006年初又被艾瑞市场资讯评为婚恋交友类网站的第一名。世纪佳缘成立3年多来,已经有近60万人在网上找到了自己的另一半。尽管没有打广告也没有投入任何宣传费用,"严肃婚恋"的定位和严格的身份鉴定制度还是很快为世纪佳缘赢得了市场。

2007年4月,世纪佳缘获得新东方创始人徐小平、王强、钱永强三人共4000万人民币投资。其实,这不是龚海燕拿到的第一笔风险投资。2005年5月,龚海燕收到来自"老钱"的一封电子邮件。这位老钱就是新东方副校长钱永强。他在信中说,他认为"世纪佳缘"很有发展前途,希望龚海燕能专心做好这个网站。

几天后，钱永强专门从北京飞到上海。"我们在金茂大厦54楼的咖啡厅里谈了一个钟头，什么协议也没签，他回到北京后，就给网站打进了两百万元的资金。"

老钱的这次来访，让本有些犹豫的龚海燕坚定起来。当初办这个网站时，一台服务器、几台电脑足矣，随着会员剧增，龚海燕投在服务器和带宽上的钱也剧增。自己的钱花完了，丈夫的钱也全投进去了。她的工作时间也越来越长，先是8小时，再是12小时，后来就经常熬夜，"我以前挺胖的，因为这个网站，整整瘦了28斤"。

拿到200万元后，龚海燕就在上海徐汇区租下办公室，美工、技术、客服、市场等部门相继成立。渐渐地，龚海燕的前景越来越光明：2007年4~5月，世纪佳缘相继获得了新东方三位元老徐小平、王强、钱永强的4000万人民币天使投资和著名风险投资公司启明创投的1000万美元风险投资。

在困境中长大

据有关机构预测，2008年中国网上婚恋交友市场规模将达6.53亿元，年复合增长率为106.2%。而根据Alexa的流量统计，目前世纪佳缘网站浏览量仅次于全球最大的交友网站Match。在MSN首页上，世纪佳缘也已经占到总流量的58%，超过了MSN其他合作伙伴的流量之和。"风险投资总是希望你有偿地为人民服务，来获得回报，所

线下交友活动规模最大

世纪佳缘将网络空间和线下交友活动成功结合，在中国内地地区的线下活动覆盖到105个城市，规模大，效果佳，千人以上规模的活动已经组织过百余次。我们还成功举办了7届集体婚礼、数千人参加的中国首届爱情运动会。继北京地坛春节庙会万人相亲活动后，2010年10月和12月分别在上海和北京举行了两次大型的集体婚礼。

以在实现社会效益的同时也要有经济效益,这是我的目标。"龚海燕说。

龚海燕语录

一直觉得大学时代的恋爱不谈白不谈,学校单身资源最为丰富,而且有四年的时间,不要浪费了。研究生生孩子我也很赞成,女性生育的最佳年龄就是24-28岁之间。大学期间的爱情,是比较理想主义的,如果能够走进现实,说明真的不在乎现实。

但是怎么样才能既切实体现出网站的服务特色又能真正达到盈利,是现阶段国内所有交友网站面临的一个难题。全球最大的交友网Match2006年营业收入超过20亿元人民币,其中很大一部分来源于收取入会费。而国内由于网民习惯免费,目前包括世纪佳缘在内的几乎所有婚恋交友网站都在为网民免费服务,寻找合理有效的盈利模式已经成为婚恋网站全行业面临的难题。在这种情况下,龚海燕开始着手建立独立的婚庆网站,利用手中686万会员的庞大资源向婚恋行业的下游发展,开发更多的增值收费项目。除了网站,世纪佳缘还开发了诺基亚、掌讯等手机合作伙伴。等待中国人习惯网上婚恋服务收费将是一个漫长的过程,在此之前,龚海燕还有一段艰难的路要走。

目前,世纪佳缘拥有1087万注册会员,已有200万人在这里找到了另一半,龚海燕也因此得到了"中国网络红娘第一人"的美誉。

由于实行会员免费制,世纪佳缘的主要收入来自线上增值产品、线下活动。前者包括虚拟礼品、VIP会员服务等,每年大概有200万的毛利;后者即是各种相亲见面会,去年已做了300多场,今年将达到400多场,预计有300万左右的收入。

人物观念

我（龚海燕，以下称"我"）就觉得广告对用户体验就是一个伤害，我要把品牌做起来，让大家认可世纪佳缘了以后，到最后大家才能容忍你的广告。SNS我上去可能看看我的好友他在做什么？有没有人给我送礼物？有没有人邀请我成为他的好友？他是去找一种关系，找一种联系，不是想去看广告的，你广告得特别巧妙和这个产品结合，这本身就是一种挑战。

植入式的广告，我觉得如果是我们想要把广告所指的产品有一个很好的体现的话，你就必须要给它足够的空间，你在里面请他喝一段可口可乐，或者给他送一辆奔驰，我觉得这样的东西还是很难以像我们在实际生活当中的消费，包括我买的虚拟的汽车，都是很小的汽车的图标，你可以给他们名字，车与车之间没有区别了，都是一个很小的图片，非常的小。

但是在现实生活中宝马和奔驰之间是有区别的，需要很大的图标，需要有更多的页面来做说明，这种植入式的，很简单提这么一个名字，本身我也知道有个车叫宝马，可口可乐本身所有的人也都知道，这种植入再提升品牌，提升在消费者心目当中的影响力，收效甚微。

实名注册是很多人不愿意的，而且非常的麻烦。如果所有的人都是真实的话，那么你的好友就会被更多其他的人看到，别人就很容易找到你，知道你跟哪些人有这种朋友的关系，可能他就会借朋友的朋友的名义去跟其他的人去联系，有的时候会给自己或者他人增加一种不必要的就

是又很繁重的社交的负担。

因为很多时候我们可能也不愿意认识陌生人，也不愿意有一个人突然找到你，我是你什么同学什么朋友的什么朋友，我现在有一个什么事情，我想跟你认识一下。有的时候你并不愿意，尤其对于我们社会关系本身就比较复杂的人来说，其实是很不愿意的。让我把世纪佳缘放弃再去给我更多的钱，要我再带头做，我都没有信心再做出第二个世纪佳缘，已经不是当时的那种竞争的态势和局面了，现在做的人都很懂，那个时候做的人都不懂。

第三节　最草根的爱情掌门人

素面朝天一心创业

创业五年的她，依然素面朝天，不带耳环、不化妆、不穿高跟鞋，在龚海燕的观念里，形式并不重要。她每天上班都背一个深蓝色的双肩包，"背双肩包方便，还对肩有好处。"而在她的员工眼里，龚海燕的这种风格有个奇怪的名字，"我们都管这叫背背佳"。没买房的龚海燕也没有买车，她每次外出办公都是坐出租车，周末和家人出门一般都坐地铁和公交车。这并不是因为她没有驾照，其实，早在复旦校园念书时，她就考取了驾照。"买车没有必要"，她觉得北京的公共交通很发达，用不着自己买车。在这个贷款买车成风的城市里，龚海燕却不赞成提前消费。

> **龚海燕语录**
>
> 每个女人都有梦想中想拥有的男人，每个女人也都有现实中只能拥有的男人，女人的梦想和现实之间到底有多远？通常都隔着一堆男人梦想中都想拥有的女人。朱德庸这段话说得极好。梦想照进现实是那么困难，理想的爱情常常是一个白日梦，但偏偏有太多的人做着梦不愿醒来。

9块钱的浪漫

龚海燕朴素的生活方式，其实来源于她朴素的价值判断：精神远远比

形式重要。龚海燕创办世纪佳缘的初衷是为他人牵线，没想到，最先钓到鱼的却是她自己。龚海燕的先生郭建增原本是世纪佳缘的会员，两人相识一个多月后，便办理了结婚手续。"办了两个结婚证，花了9块钱，就结婚了。"龚海燕回忆起自己连彩礼也没有的婚礼时，脸上总是挂着笑容。凡是知道龚海燕

> **交友注意事项**
>
> 1：见面之前，要尽量多沟通和交流，对对方作出充分的了解。2：尽量和提交了证件的对象交往。如果对方声称离异，要看对方的离婚证。3：如果对方留下的邮箱、QQ号、电话号码中间有空格或斜线，可能是对方为了回避系统过滤，这样的网友常有问题。

夫妻的人都说，他们的爱情是精神上的。所以，对于郭建增辞去在上海中科院神经所副研究员的工作到北京照顾龚海燕的生活时，熟识的人都并不觉得奇怪。

自己找到了真正的爱情，龚海燕也希望更多的人能找到共度一生的人，而不是过客。她的世纪佳缘有个特点，注册的会员要提交证件才能取得他人的信任。包括学历证、毕业证、身份证等等，上传证件可以显示星级，星级越高，越能取得信任。龚海燕给世纪佳缘的定位是真实、纯净、严肃、高品位，她要求注册的会员必须是大专以上学历，以真诚交友为目的。

因为龚海燕只是想帮助更多的人找到另一半，最初她并没有想到赚钱，"在我的家乡，媒人的报酬就是新娘亲手做的一双鞋。"所以，她对会员实行了

免费注册制。"最初就是拉同学、朋友上线",龚海燕回忆着创业初期的艰苦,一个一个会员积累,走得确实不易。但是免费注册、高学历、严肃交友的特点最终为世纪佳缘赢得了会员,到2005年底,会员数达到了32万。

到2008年,近5年的时间,从最初每天几个人注册到目前每天平均2万～3万名会员注册,世纪佳缘的总注册量已经突破1300万人。在复旦那间小小的宿舍里,龚海燕一个人和一台电脑的战斗,已经发展成拥有160名员工的上海花千树信息科技有限公司,并先后获得了近2亿元的投资,事实证明,龚海燕的坚持取得了成绩。

人生难得几回搏

"龚总经常加班,上周末我还见她在公司。"员工小尹对龚海燕的工作态度很是佩服:"很少见到对工作这么投入的人。""我基本上每天工作在12小时以上,我是一个非常喜欢工作的人,闲不住,有事情做会让我觉得充实。"龚海燕认为拼搏的精神很重要,"人生难得几回搏,年轻人更应该投入地工作。目前我的工作和生活是混在一起的,我回家了也会工作,工

作让我感觉到充实和快乐。"她希望能把这份事业做好,看着这棵小苗在她的培育下成长。

但是仅仅是花在工作上的时间是不够的,这位一心想着简单做好事的CEO必须思考盈利的问题。龚海燕一直用红娘的心在做事,免费、没有广告,这赢得了会员的心,但是投资人方面却不好交待。"投资人不是慈善家,我们必须找到清晰的盈利模式。"她的语气中透露着坚定。

注册免费、活动收费的方式让世纪佳缘维持了4年多,今年4月,龚海燕首次接受了网络广告,她认为在积累用户期间广告会影响用户体验,在广告上线4个月后,她发现并没有影响会员的使用,并且还获得了400多万元的收入。"加上宣传、客服的费用,这400万元其实算不上收入。"龚海燕对广告的收入并不满意,她还在进行新的探索。

七夕到了,世纪佳缘上的鲜花也开了,龚海燕开始试水电子商务。初期的结果比她预料中的好,而习惯脚踏实地做事的她仍然很谨慎:现在只是探索阶段,是不是要进入电子商务领域,还有待后期实践。"而探索中的龚海燕其实早就瞄准了另一个更大的市场。

"其实早在两年前我就开始注意到一个问题,每天约有5000人因找到意中人而离开世纪佳缘,看着他们离开我很无奈,一直在思考用什么方式能把他们留住。"龚海燕在思考中发现,那些离开的会员不再需要红娘,而是婚纱和殿堂。

虽然龚海燕自己的姻缘是用9块钱的结婚证绑定的,对不重形式的她来说,注重会员对美好婚礼的追求,可以更好地满足他们的需求。"虽然我自己不注重形式,觉得结婚也就是领个证的事情,但是目前人们更希望用一种形式表

网上交友第一次约会注意

要选择熟悉的地点或者公共场所,去之前通知家人和朋友。切忌不要去对方指定的陌生的约会地点。男士要警惕"酒托饭托",女士要警惕"一夜情"。面对甜言蜜语,不要轻易委身于人。只有深入了解并且信任对方时,才能付出自己的全部。不要轻易借钱给对方,以免上当受骗。即使万不得已,也要到公证处进行财产公证。

达对找到真爱的喜悦和希望长相守的愿望。"龚海燕表示准备筹建独立的婚庆网站,为新人的婚礼提供一条龙服务。"希望做成一个平台,新人能够在上面找到婚庆公司、新房装修公司以及婚后服务公司。"她的话语中流露出希望。据统计,我国婚庆市场每年消费总额达3000亿元,龚海燕看中的这个市场的确很诱人。但是这个市场的残酷也给这位一直小心翼翼的创业者增添了不少压力。

龚海燕手中最大的优势是积累的1300万会员,这是婚庆网站的潜在客户。携手的新人可能需要的服务需求很大,婚纱摄影、婚宴办理、蜜月旅行、新房装修乃至婴儿相关的服务都对新人有巨大的吸引力。"我希望能做成一个B2B2C的平台,和提供不同服务的公司合作,为新人提供多种选择。"她的描述让人看到了设想中的巨大潜力,貌似又一个"阿里巴巴"出现了。

第四节　婚恋第一站

网站简介

世纪佳缘是一个严肃的婚恋网站,网站规模大、征友效果反响较好,通过互联网平台和线下会员见面活动为中国内地、香港、澳门、台湾及世界其它国家和地区的单身人士提供严肃婚恋交友服务。2011年5月11日晚,世纪佳缘登陆美国纳斯达克全球精选市场,在美成功上市。

创建发展

2003年10月8日,复旦大学新闻学院研二

女生龚海燕（北京大学中文系文学学士，网名小龙女）看到身边很多高学历的同学朋友由于工作学习忙，而无从找到理想爱人，因此创办了世纪佳缘。截至2011年4月，世纪佳缘拥有会员4000多万。同时世纪佳缘也是新浪交友、MSN佳缘交友的合作伙伴，创始人龚海燕也被网民誉为"网络红娘第一人"。

> ### 龚海燕语录
> 很多初入职场的漂亮女孩特别容易认为靠暧昧得到一些福利理所当然，弄不好"职场暧昧"就成了"潜规则"。年轻而天真的姑娘们，当你在职场里收到"暧昧"信号时，都一定要警惕再警惕，他们来源可能是具成熟魅力的已婚上司或隐婚的男同事，别想用性别优势抄近路，要踏踏实实走好自己的职场路。

七年多以来，世纪佳缘始终坚持以改善和提高用户征友效果为宗旨，以会员资料的真实性和严肃择偶动机为网站灵魂，得到了广大网民的热烈拥护并享有极高的美誉度，正是由于单身朋友在这里找到了另一半之后，一传十，十传百，才有了世纪佳缘欣欣向荣的发展，并因此获得了新东方三元老徐小平、王强、钱永强的天使投资及启明创投的风险投资。

社会影响

　　世纪佳缘的创办宗旨是为高学历单身男女提供严肃婚恋交友的平台,为孤独、优秀、真诚的人们提供健康、纯净、真实的交友园地。世纪佳缘坚决反对一夜情、婚外恋等不文明不健康行为,也不欢迎聊天交友、旅游交友等泛泛的交友。由于动机单纯,风格纯净,世纪佳缘自创办以来,便受到广大网民及媒体的好评,成为严肃婚恋交友的一面旗帜。网站和小龙女也被《人民日报》、中央电视台、凤凰卫视、阳光卫视、东方卫视、湖南卫视、新浪等媒体关注,小龙女也被誉为"网络红娘第一人"。

第二章　一辈子坚守的承诺

他每天起床后自己先装上假肢。然后开始打扫卫生，洗米做粥，帮母子三人起床，给他们穿好衣服。端水、挤牙膏，帮助妻儿洗脸刷牙，喂他们早饭。服侍他们方便。然后还要上街买菜。中午再次重复三个人吃饭的经历，傍晚，帮助三个人洗澡，虽然是几天洗一次，即使夏天，洗一个人也要耗费半小时以上。到晚上，抱病人到床上睡觉，夜间朱邦月还要起床给他们逐一翻身，一晚上起床数次。这样的日子，朱邦月过了近20年。但他始终坚持，因为他知道，他是一家人生命的烛光，点燃着一个家庭的希望。在退休以前，无论家里事情再多，朱邦月都没有影响工作，年年仍是矿里的先进工作者。

第一节　人物解读

个人简介

朱邦月，男，福建省南平市邵武煤矿退休工人，2009年度感动中国人物。1986年5月，朱邦月因骨折病退。后来妻子和两个继子都得了绝症"进行性肌营养不良症"。1991年，母子三人的病情开始加重，丧失了自理能力，吃喝拉撒全靠一条腿的朱邦月照料。朱邦月的一天是在照顾三个病人的生活中度过的，这样情况已经有18年。2008年1月当选首届"感动闽北十大人物"。

朱邦月是妻子的第二任丈夫，两个儿子也都不是他亲生的。40多年前，朱邦月的朋友临终时，将两岁的儿子以及怀着5个月身孕的妻子托付

人物语录

"我自己一点都不考虑,讲来讲去,我就只考虑她们母子三个,其他的不考虑。我能走啊,不管怎样,我能走着出去,边上也不需要人。她们三个苦了,一天到晚在家,一步也走不动。"

给他。朋友恳求的眼神,让朱邦月做了一个至今未悔的决定:迎娶朋友的遗孀,并将朋友的两个儿子养大。

生平经历

1959年6月朱邦月来到邵武煤矿工作,1989年因工伤而提前退休。

1965年春,一个偶然的机会,他结识了顾伟祖一家。顾伟祖夫妻俩都是残疾之人,看着他们带着一个刚出生不久的孩子艰难地生活着,朱邦月那颗善良之心驱使他不由自主地走近了这个家庭,帮助这一家人挑水、劈柴、拉蜂窝煤……只要这个家里重活累活需要他帮助的,他会毫无犹豫地出手相助。从此他成了顾家非常要好的朋友。直到1967年,这种关系因为顾伟祖心脏病发作去世后发生了变化——顾伟祖临终前把妻子和孩子托付他照顾。那时老顾残疾的妻子朱玲妹正怀着第二个小孩,行动不便,加上还有一个3岁小孩嗷嗷待哺。朱邦月义不容辞地承担起帮助这个家庭的责任。照顾朱玲妹坐月子,照看一个刚满三岁的孩子,每天忙得团团转。那时,他怎么也没有想到这位残疾母亲得的是一种绝症——进行性肌营养不良症(目前世界上还没有治愈这种病的先例,一般只能活到30岁),更为可怕的是母亲的病遗传给了两个孩子。虽然医生说无法治疗,但他还是省吃俭用,四处寻医问药、买补品给孩子们吃,以延缓病情的发展。

第二节　用爱撑起一个温暖的家

邵武煤矿退休职工朱邦月的故事，大家也许听说过，他仅仅因为邻居临终前的一个托付，便无怨无悔地照顾着三位生活不能自理的重症患者，用爱撑起这个人世间最凄惨、同时也是最温暖的家，从青年到暮年，一转眼，如今已是古稀之年的朱邦月，无怨无悔地为此付出了41年时间。

1959年6月，21岁的朱邦月来到邵武煤矿工作，因为同事加邻居的缘故，与顾伟祖一家结识。顾伟祖和朱玲妹夫妻俩都是残疾人，看着他们带着一个刚出生不久的孩子艰难地生活着，善良的朱邦月默默帮助这个家庭挑水、劈柴、拉蜂窝煤……只要这个家里重活累活需要他帮助的，他会毫无犹豫地出手相助，他和顾伟祖也成为了非常要好的朋友。

1967年，一场变故改变了顾家，更改变了朱邦月的一生。顾伟祖因心脏病发作去世，临终前，顾伟祖紧紧地拉着朱邦月的手，满眼恳求，希望善良的同事朱邦月能代替自己照顾母子。看着那时残疾的朱玲妹正怀着第二个小孩，行动不便，加上还有一个3岁小孩嗷嗷待哺。为了朋友的嘱托，朱邦月义无反顾地承担起这一责任。

就这样，朱邦月走进了这个家庭。为了更好地照顾这个家庭，减少不必要的闲言碎语，经过一段时间相互了解，当时正值风华正茂的朱邦月与朱玲妹结婚。在人们眼里，朱邦月

是个煤矿企业里端"铁饭碗"的男人，想娶什么样的老婆都行。然而，他却娶了一个残疾的寡妇，养育着两个和自己没有血缘关系的孩子。当时就有人劝朱邦月：算了吧，被这三人拖累，你这辈子就完了。为此，朱邦月还和劝说的人红过脸。为了照顾娘儿三人，朱邦月还放弃了生育自己的孩子的念头。他的举动，让常人无法理解。

面对人们的疑惑与好奇，朱邦月坚定地说道："为什么要这样做，我说不出，但朋友既然将他的家托付给我，我就得帮下去。"

他坚守着诺言，他用爱为这个家撑起一片温暖的空间！

尽管老朱做好了思想准备，但面对这样的家庭，无异于陷入"万劫不复的深渊"。朱玲妹得的是一种极其可怕的怪病———进行性肌营养不良症，更为可怕的是，她的这种疾病还遗传给了两个孩子。随着年龄的增长，两个孩子渐渐地显现出那种先天性营养不良肌无力症的可怕。先是老大高中毕业后无法像正常人一样从事工作。几经周折才在矿领导的帮助下由企业提供场所、亲友资助下购买一台毛线纺织机专门加工编织毛衣裤等，过着艰辛的日子；接着是次子高考体检不过关，拖着残疾的身躯在家忍受病痛的折磨。面对这一切，坚强的老朱心都碎了。

为了给母子三人治病和进补，老朱一直过着节衣缩食的日子，而把省下来的钱拿去买药和补品。在那物质匮乏、经济困难的年代，为了增加收入减少开支，他把河边的荒地开垦出来种菜，在门口的空地搭个窝棚养鸡喂鸭；为了让孩子们能多吃一点肉，他和别人结伴一起翻山越岭去乡下，风里来雨里去，用节省下来的布票、粮票去换农民家里的猪肉鸡蛋……他自己早餐啃馒头配咸菜，却一直让孩子早餐吃鸡蛋喝牛奶；听说人参可以续命健体，他便常常买人参，放在孩子的口袋让孩子在课间当零食吃。

到了八十年代开始有保健品——"参茸蜂王浆"、"太阳神"等口服液，这便成了孩子们形影不离的续命"神水"了……小儿子朱邵华一次在家里翻箱倒柜时无意中发现了生父的日记，得知朱邦月不是生父的事实。他向别人说道："如果有人告诉我母亲是后妈，我可能会相信，说我父亲是继父，真的难以置信！"

抗生素（antibiotics）

它是由微生物（包括细菌、真菌、放线菌属）或高等动植物在生活过程中所产生的具有抗病原体或其他活性的一类次级代谢产物，能干扰其他生活细胞发育功能的化学物质。现临床常用的抗生素有微生物培养液液中提取物以及用化学方法合成或半合成的化合物。目前已知天然抗生素不下万种。

正所谓：福无双至，祸不单行！上天就是如此不公，对于这样一个家庭，厄运竟一再降临。

1986年5月16日，满脑子都在想着为孩子找工作的朱邦月，骑着自行车四处向用人单位投递孩子们的简历，突然被迎面一辆装满砂石料的卡车撞倒，左胫骨粉碎性骨折伴软组织挫伤，医生建议他做截肢手术，可是，全家人就靠朱邦月一人支撑着，失去一条腿，等于失去了支柱。经不住他全家人的苦苦哀求，医生尽全力保全了老朱的脚。这个不幸的家庭从此又多了一个残疾人。

老朱不忍心看着家里收入因为他的无效治疗而付之东流。于是他拒绝再为自己的伤脚做无望的浪费，只肯服用廉价的抗生素控制炎症避免伤口的扩大。自己给自己清洗伤口，敷药

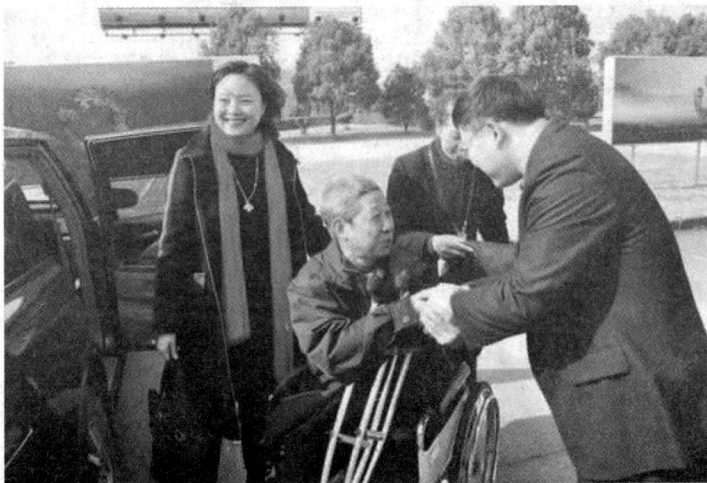

人物语录

"到现在我不考虑,什么也不考虑了。我能干到什么时候,就干到什么时候。干不动了那没有办法。干的动,我们一家就是完完整整的(一家人)。"

换药也成了老朱近二十多年来每日必做的"功课"之一:跑邵武医药二级站采买廉价药品,回家后将整斤的药棉搓成一个个棉球,把整卷的医用纱布剪成大小形状合用的方块放入压力锅内高温消毒,将整筒的医用胶布撕成一条条的胶带,连清洗伤口的盐水也是老朱自己动手制作……

1993年起,继妻子之后,大儿子的肌力就逐渐萎缩,丧失了自理能力。1998年,小儿子也肌无力,母子三人的日常生活就全要靠他打理。一家四口,就这样靠朱邦月一条健康的腿支撑着。然而,就是在这样的伤痛折磨中,老朱每天还是六点半左右就要起床,他拖着残腿费尽周折好不容易帮妻子把衣裤穿好后,又得为比他高一个头的大儿子穿戴。因为大儿子脊椎变形非常厉害导致身子极其疲软,稍不留意就东倒西歪的要摔下去,所以他只好一手维持身体的平衡一手帮着穿衣服,这让他每穿完一件都要站起来喘口粗气捶一捶腰,忍受着伤腿剧烈的疼痛。腰部的骨刺和肩周炎一年四季让年老体衰的老朱身上充满了正骨水和风湿膏药的混合气味。

早上是他将一盆盆水端进房间让妻儿三个人坐在床边洗脸刷牙。为了节省时间也为了省点力气,妻子和大儿子的早餐便由他一口一口地喂,小儿子因为尚存一丝肌力所以目前暂时不能享受喂的优待,他把饭碗搁在写字台上让他自己

吃。最难办的是三个人的排泄问题。他们住的房子没有卫生间,所以只有用马桶解决这一难题。为了安全起见,他用木条钉了一个四四方方的架子将便桶放置其中,然后小心翼翼地抱着他们坐在架子上,免得一不小心人倒桶翻粪水四溢。

早上八九点钟上菜场是老朱唯一和外界沟通的时间,但他逗留的时间最长也不会超过一个小时,因为他害怕家里会有什么意外,比如大儿子一个不小心从床上栽了下来,妻子一个不小心身子歪在一边趴在那里无法动弹,比如小儿子地上去拿什么东西结果却蹲在地上起不来了……

如果上街时买了水果,老朱便会端着盘子在三个房间里转来转去将削成小块的果肉送入他们嘴里,等母子三人吃好了他才坐下来慢慢地吃。稍事休息后老朱就开始忙着准备午餐了,洗菜煮菜忙里插针的他会将妻儿抱起来让他们活动一下肢体。

午餐和晚餐是在厨房里吃,老朱会用自制的轮椅将妻儿推到厨房去,他跛着腿推起来歪歪扭扭地走。他将妻儿"各归其位"后,就将饭打好,将

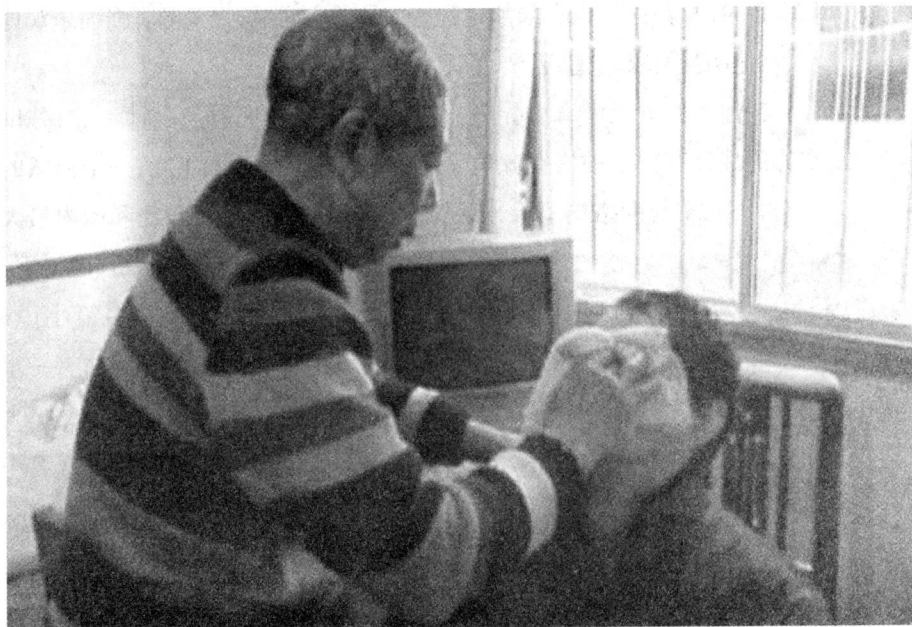

菜一次次地夹到各人的碗里，让三人趴在桌子上借着手腕的翻动将饭菜往嘴里扒。饭后他又要将毛巾洗好为他们擦去嘴上的油污，然后逐个推进去解决排泄问题……这一忙就到了下午的一点多钟。

老朱在三点结束午休开始他又一轮的忙碌——将母子三人逐一拖进拖出弄到杂物间去侍候他们洗澡——因为穿衣脱衣的困难重重，即使夏天洗一个人也要耗费他半小时以上的时间，而到了冬天，这个时间更延长到一个半小时左右。无论夏天还是冬天每天早晨老朱都有一大堆的衣服要洗。洗完澡之后他连气也来不及喘就要去弄晚餐了，侍候他们吃晚餐洗脸刷牙把他们弄进房间后，老朱又跑到厨房洗碗抹桌子收拾家务，等他自己洗完澡后已经是暮色沉沉了。接着，他又借着昏暗的灯光开始清洗伤口敷药换药……

晚上睡觉，为了避免一种睡姿造成身体麻木痛楚，老朱一晚上还要起床三次帮母子三人逐一翻身……

一家四口全部残疾、三人身患不治之症，在这样的家庭，对生活失去信心的事时有发生。但在朱邦月营造的爱的空间里，大家都坚强而乐观地活着，他的爱给家庭成员带来了无限的勇气。

在他的照顾及教育引导下，小儿子朱邵华读完厦大会计专业，并以优异的成绩获得了福建省自学考试励志成才奖。2002年底，一个偶然的机会，小儿子与网络结了缘，现已陆续在几家国内知名刊物和国内最大的文学网站"榕树下"发表了40多篇小说、散文、随笔，并有一本书准备发表。

朱邵华在博客中写道："虽然上帝残忍地和我开了个玩笑：让我成为遗腹子；让

肌营养不良症的病理改变主要表现

在肉眼下可见受累的骨骼肌色泽较正常的苍白，且质软而脆；光学显微镜下早期可见灶性坏死，肌纤维粗细不均，同时有散在的蛀虫样变。肌纤维内横纹消失，空泡形成，肌细胞呈链状排列并往中央移动。晚期肌纤维普遍萎缩，并有大量脂肪细胞和结缔组织填充，假性肥大的肌肉是由于肌束内大量脂肪组织堆积所引起的；电镜下可见肌细胞膜呈锯齿样改变。

我的母亲、我的哥哥和我，都患上了进行性肌营养不良症，让我们母子三人无可奈何地看着时间滴滴答答地带走我们行动的自由。但即使是这样，我也始终坚信，上帝让我到世间是享受爱来的！"大儿子顾中华说："如果让我去死，能够换来父亲的一条好腿，我马上就去死。"

有人说，离开了老朱，这一家人真不知道该怎么过。邻居无不为这个家庭的未来担心，万一朱邦月有个三长两短，绝症妻儿就完了。而朱邦月最大的愿望是："健健康康地活下去，守护在3个绝症妻儿有生人世的每一天。"简单地坚守活着的信念，无论多少困苦挫折，永不怨天尤人，永不轻言放弃！朱邦月就是这样，平凡而伟大。他的事迹被披露后，感动了无数的人。2006年开始，老朱先后荣获"感动福建十大人物"、"百名感动中国的矿工"、首届"感动闽北十大人物"等荣誉。

人物评价

这位可敬的老人，仅因邻居临终前的一个托付，便从青年到暮年，无怨无悔地照顾着毫无亲缘关系的三位生活不能自理的重症患者。他和及

其家人的事迹感动了社会、感动了网友、感动了千千万万知情者。

2006年以来先后荣获山东电视台"八喜杯感天动地父母情十大真情人物"奖；中央电视台、福建电视台、海峡都市报、大众传媒、融侨集团等媒体和单位推出的"融侨杯2006感动福建十大人物"奖；福建煤炭集团公司"感动福煤十大员工"荣誉；"兖矿杯百名感动中国的矿工"荣誉等。同时还在各大媒体：新华社福建分社、福建日报、海峡都市报、东南快报、福州电视台，福建电视台—《新闻启示录》栏目、《东南新闻眼》栏目、《纪事》栏目、《公共视线》栏目、《海峡西岸红十字》栏目和山东卫视《天下父母》南平电视台、邵武电视台等栏目的接受过采访和宣传报道。

第三章　心底有爱天地宽

> 一位维吾尔族的母亲，除了自己亲生的9个儿女，还含辛茹苦地收养了汉、回、维吾尔、哈萨克4个民族的10个孤儿，和丈夫付出了难以想象的艰辛。以博大的慈母之心，创造了至真至纯的温暖之家。同时，她还把仁爱之心播撒到社会，帮助了许多困难中的人们，为建设新疆民族和谐大家庭作出了贡献。她的爱超越了亲情，跨越了民族，她就是第三届全国道德模范候选人、新疆维吾尔自治区青河县青河镇居民阿尼帕·阿力马洪。

第一节　走近人物

个人简介

阿尼帕·阿力马洪，女，维吾尔族，1939年5月生，新疆维吾尔自治区青河县青河镇居民。2011年9月20日，在第三届全国道德模范评选中荣获全国助人为乐模范称号。

人物事迹

阿尼帕·阿力马洪和丈夫阿比包（已去世）收养了汉、回、维、哈4个民族的10个孤儿，加上自己生育的孩子，以博大的慈母之心，创造了至真至纯的温暖之家。

　　同时，她还把仁爱之心播撒到社会，帮助了许多困难中的人们，为建设新疆民族和谐大家庭作出了贡献。

　　1963年，阿尼帕的哈萨克族邻居牙和甫夫妇相继去世，留下3个未成年孩子，生性善良的阿尼帕深知孩子失去父母的辛酸和孤单，收养了他们。

　　1977年，回族女孩王淑珍11岁时，父亲不幸去世，母亲改嫁。后来母亲也撒手人寰，兄妹四人无人照顾，流浪街头。

　　在一个寒冷的冬日，阿尼帕将蓬头垢面的小淑珍领回家，她的哥哥和两个妹妹也来了。

　　1989年，王淑珍继父去世，阿尼帕又把她义父的3个汉族孤儿接到家里。

　　收养这些不同民族的孩子，阿尼帕和丈夫付出了难以想象的艰辛。为了不让孩子们饿肚子，阿尼帕的丈夫阿比包每天下了班就去帮人家打土块，阿尼帕每天都到菜市场拣别人不要的蔬菜。

　　家里虽然养了两头奶牛，但谁也不舍得喝奶，全部到市场换成零钱支

付孩子们的学费和购买生活必需品。为给一家20多口人做饭，她专门买了一口直径1.2米的铁锅，被称作"团圆锅"。

阿尼帕对收养孩子比亲生孩子还亲，她最小的亲生女儿上初中时还没穿过一件新衣裳。

除了抚养孩子，阿尼帕夫妇还做了很多好事。

2003年，阿尼帕帮助寻亲无望差点自杀的哈萨克族姑娘古丽找到工作，还让她到家里住。

2003年，阿尼帕为大龄孕妇江阿古丽筹集1000元钱，召集儿女为她献血，手术后接到家里照顾。

5月，资助贫困的孕妇乌拉斯汗顺利做了引产手术。

青河阿尕什敖包乡的贫困户切克斯手有严重残疾，1984年以来，一直把阿尼帕家当成自己的家，面粉常年由阿尼帕一家供应。汶川大地震发生后，阿尼帕捐款1000元，还找到民政部门要求再收养十个孤儿，她说："只要我有口吃的，就有他们的。"

阿尼帕的热心深深地影响着她身边的孩子们，子女们已经养成了习惯，谁家有困难，只要他们知道了，再难也会搭一把手。侄女热孜万古丽资助了3个贫困学生，她说："我学会了爱，学会了帮助更困难的人，并从中得到快乐。"

个人荣誉

阿尼帕·阿力玛洪自2009年2月阿尼帕获得"新疆首届十大母亲"荣誉称号以来，各种荣誉接踵而至。

同年9月又获"中

维吾尔族来历

维吾尔族原是公元三世纪游牧于中国北方和西北贝加尔湖以南、额尔齐斯河和巴尔喀什湖一带的游牧民族。由于受部落间战争的影响，各个部落的分支逐渐迁徙西域（今新疆），先后曾被译为"韦纥"、"乌纥"、"袁纥"、"回纥"、"回鹘"、"畏兀儿"，以后才改为"维吾尔"，沿袭至今，是"团结"、"联合"之意。

国扶贫开发人物"荣誉称号、"归侨侨眷先进个人"荣誉称号。

2010年2月被评为"感动中国十大人物"。

同年被评为"国家级民族团结模范个人"及"新疆维吾尔自治区民族团结进步模范个人"、第四届"全国十大社会公益之星"。

当年12月入选"中国好人榜",阿尼帕妈妈作为《中国国家形象片——人物篇》中的一员,在美国纽约曼哈顿中城北区时报广场的巨大电子屏幕墙上播放。

2011年,阿尼帕家被评为"国家级文明和谐家庭",同年被评为第二届"新疆维吾尔自治区道德模范"、第三届"全国道德模范"。

2012年1月她家被青河县评为"文明和谐家庭"。

这些年,阿尼帕·阿力马洪老妈妈在身体许可的情况下,仍然在不断的参加各类社会公益活动,发扬着无私助人的大爱精神。

第二节　六个民族十九个孩子的母亲

新疆青河县是一个多民族的大家庭,多年来,各民族朝夕相处演绎了一曲曲动人的民族团结的感人事迹,现年69岁的阿尼帕和丈夫阿比包(去世)1960年起先后共同收养了10个不同民族的孤儿。10个孤儿分属汉、回、维、哈4个民族,加上塔塔尔族、乌孜别克族的女婿、儿媳,全家共有6个民族组成。

在青河县提起阿尼帕夫妇博大的父母之爱,是无人不知,无人不晓。他们以博大的慈父母之心,演绎着人间至真至纯之情,滋润着孩子们的心,感染着周围的每一个人。阿尼帕夫妇收养10个孤儿是从上世纪60年代初开始的。

1963年,阿尼帕夫妇的哈萨克族邻居牙和甫夫妇相继去世,撇下了3个半大孩子:吐尔达洪、库尔班和托乎提,大的19岁,小的14岁。

阿尼帕想把这3个孩子接回家。但是有些犹豫:就对丈夫说"咱们一家

加上我的3个妹妹已经有10口人了，如果再接回3个孩子，就靠你一个月47元的工资，能行吗？"

"孩子没父母了，我们不能不管！"阿尼帕也是孤儿，深知没有父母的辛酸和孤单，她对丈夫阿比包说："那就接回来吧，只要我们有饭吃，就有这3个娃娃的。"一家13口，日子过得虽然很清苦，但孩子们在阿尼帕妈妈和阿比包爸爸的呵护下健康成长。

1977年10月的一天，阿尼帕妈妈家又来了一个11岁的回族小女孩王淑珍。

王淑珍的父亲去世后，母亲改嫁，王淑珍和哥哥、妹妹4个人去继父金学军家生活。

不久，王珍淑的母亲去世，她开始流浪街头。

10月的青河冷了，阿尼帕的妹妹哈里卡姆在医院门口发现了冻饿交加的小淑珍，便将她领回家。家里的其他孩子一见王淑珍都跑开了，因为王淑珍身上很脏，头上长满了头癣和癞疮。阿尼帕一把揽过可怜的小淑珍，眼泪哗哗地流下来。阿尼帕烧了一锅热水，给小淑珍洗了澡，换上干净的衣服，还做了香喷喷的拌面。小

维吾尔族典型食品

他们最爱吃馕、抓饭、烤包子、拌面等食品,有很多著名的风味菜肴和小吃,如烤全羊、手抓羊肉、帕尔木丁、薄皮包子、烤羊肉串等,此外还有:油馓子、银丝擀面(维吾尔语称"玉古勒")、哈勒瓦、羊杂碎、曲连、烤南瓜、葡萄干、哈密瓜、黄萝卜(胡萝卜)酱等。

淑珍狼吞虎咽的样子,让阿尼帕心生怜惜。

从第二天开始,阿尼帕就每天带小淑珍去医院上药。两个月后,小淑珍长出了浓密的黑发。

为了让孩子从小能够接受教育,阿尼帕妈妈又从家里有限的生活费里,挤出学费,让小淑珍踏进了校门。

家里用不起电灯,阿尼帕就找来破棉絮搓成条,放在羊油碗里点亮后让他们学习。

阿尼帕妈妈给小淑珍取了维族名字叫哈比扎。意思是为"维护、保护之意",可怜的孩子到了阿尼帕妈妈家就找到了依靠,得到了保护,从此不再流浪。

一年后,小淑珍回族兄妹王作林、王淑英、王淑花又来到了阿尼帕妈妈这个家,从此感受到家的温暖。

1989年,小淑珍的汉族继父金学军也去世了,留下金海、金雪莲、金花三个汉族孤儿,阿尼帕又敞开母性温暖的怀抱接纳了他们,收养了他们。

之后将他们抚养成人,帮他们成家,在成家后也一直关心、帮助他们。

王作林是让阿尼帕夫妇最操心的孩子,也是最孝敬两位老人的孩子。

1989年,初中毕业后受社会上不良青年的影响,严打期间,被判了3年刑。

44

听到这个消息，阿尼帕好几天都吃不下饭睡不成觉，不停地责怪自己对孩子关心不够。

为了打消王作林顾虑，让他安心服刑，阿尼帕挤出生活零用钱，和丈夫阿比包一起买上衣物坐了400多公里的车去看望王作林，还说服家里所有的兄弟姐妹不要歧视这个兄弟。

1992年，王作林刑满回家，阿尼帕和丈夫不顾有病的身体四处东跑西找，为他解决了城镇户口，并把他安排到水泥厂工作。

之后王作林夫妇从水泥厂双双下岗，日子过得很艰难。阿尼帕又拿着钱、肉和面粉跑了几十公里送上门。

回来后，老两口商量着在城里给他找块地方卖羊杂碎，又东拼西凑了几千元钱，买回了一辆旧车，跑出租，王作林和妻子依托国道216线改道途经省道228线的机遇，在路边承包了乡政府废弃的办公室，开起了旅社和饭馆，生意红红火火。

收养3个维吾尔族孩子到收养7个不同民族的孩子，阿尼帕和丈夫阿比包付出了常人难以想象的艰辛，那

结婚习俗

男女青年要结婚时，由阿訇或伊玛目（均为宗教职业者）诵经，将两块干馕沾上盐水，让新郎、新娘当场吃下，表示从此就像馕和盐水一样，同甘共苦，白头到老。婚宴要在地毯上铺上洁白的饭单，最先摆上馕、喜糖、葡萄干、枣、糕点、油炸馓子等，然后再上手抓羊肉、抓饭。

时候他们自己也有11个孩子，因为丈夫阿比包的工作和环境，不能为孩子创造更好的条件，自己的亲生孩子只好忍痛放弃了学业。

为了尽心照顾抚养这些孩子，为了让领养的儿女们也能够健康成长，阿尼帕没能出去工作。

那时，丈夫阿比包把所有的工资全换成了可以吃的东西，自己从来没有吃过肉，经常到屠宰厂要一些羊肺之类的动物内脏，灌上面粉改善伙食。

他常常下班后跑到后山上拣骨头、打土块，帮着别人宰羊换些粮食，阿尼帕不顾一切劳累，挖野菜、捡麦子、拾土豆，只要能换一小袋面粉，再把这些面粉换成玉米粉，家里养了奶牛，产奶很多，但是每天挤出牛奶都舍不得喝，全部出售给别人，换点零钱购买生活必需品。

为保障全家人的基本生活，阿尼帕除了干完繁重的家务活外还要再到食品厂干一份临时工。

每年夏季洗羊头，冰冷的小青河水浸透她的手脚，忙碌一天，她顾不得休息一下，生最小的孩子时阿尼帕产后还不到一个月，就下到河里去洗东西了。

这样辛苦，每月只能挣回36元，长期恶劣的工作环境，加之辛勤的劳作，使阿尼帕患了严重的风湿病。

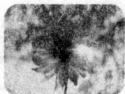

骏马要看它的眼睛

除了抚养孩子,阿尼帕夫妇还做了很多的好事,有人形容像天上的星星数不清。

2003年,阿尼帕妈妈在市场上碰到来青河县寻亲无望差点自杀的哈萨克姑娘古丽,她及时劝说姑娘打消了念头,看她没地方吃住,叫她到家

维吾尔传统音乐

古代西域维吾尔地区的龟兹乐久负盛名。《大唐西域记》卷一中记载:"屈友国(即龟兹)管弦伎乐,特善诸国。"可想像维吾尔在西元4世纪时就创造出了如此灿烂的音乐文化并闻名世界。如果说"特善诸国"的龟兹乐是古代维吾尔音乐的典范,那么现今流传在新疆地区并与龟兹乐有渊源关系的维吾尔木卡姆则是今日得艺术瑰宝。

里来,安排和自己的女儿一起住,先安顿下来,寻亲的事情从长计议,日久生情,姑娘将阿尼帕妈妈和阿比包爸爸一家当做自己的亲生父母。

她道出寻亲的原委:姑娘在石河子,爱上了一个小伙叫巴哈提,认识的时间不长,但她已深深地爱上了这个小伙,小伙只说自己在阿勒泰,也没有说在具体的地方,古丽一路打听过来,才知道,在阿勒泰叫巴哈提的人太多了,找这个人简直是大海捞针。

她来到青河县,她想如果再找不到心上人,就决定一死了之,听到此,

阿尼帕妈妈心疼地一把抱住姑娘："好姑娘，千万别干傻事，好小伙，还多得很，只要大妈大伯在，就不许你走这条路。"

阿尼帕妈妈害怕古丽姑娘闲下来再想不开，把她安排在自家的亲戚餐馆打工，并想方设法和她的家人联系上把她送回到石河子。

现在，回到石河子的古丽姑娘生活的很开心，已和当地的哈萨克小伙子组建了家庭。她感激地说，如果不是阿尼帕妈妈一家人，她绝没有今天的幸福生活。

2003年，大龄孕妇江阿古丽生小孩了要提前住院，家里贫困，为了节约开支，阿尼帕让她住在家里，还给她筹集了1000元钱，到临盆生产，江阿古丽大出血，要做剖腹产手术，当晚，阿尼帕通知在家所有的儿女到医院里验血，随时需要就献血，出院后，又让把江阿古丽接到家里照顾了一个月。

那一年的5月，乌拉斯汗怀孕时在青河县医院检查胎儿脑积水，必须要"引产"，否则这孩子就会死在肚子里，乌拉斯汗家很贫困，她又不会汉语，阿尼帕妈妈帮助送到阿勒泰地区医院，顺利做了手术，以后身体恢复的乌拉斯汗又怀孕了。

阿尼帕妈妈家里，来来往往的人很多，很多牧区的哈萨克同胞有事都到家里聚合，交流信息，商量生产情况、牧业转场等事宜，阿尼帕妈妈从不嫌弃，总是热情帮助他们，还拿出最好的东西招待他们，给他们免费提供吃住，大家说，阿尼帕妈妈家成了牧民的"牧业办"了。

维吾尔族传统节日

肉孜节、古尔邦节、初雪节等。维吾尔族十分重视传统节日，尤其以过"古尔邦"节最为隆重。届时家家户户都要宰羊、煮肉、赶制各种糕点等。屠宰的牲畜不能出卖，除将羊皮、羊肠送交清真寺和宗教职业者外，剩余的用作自食和招待客人。过肉孜节时，成年的教徒要封斋1个月。封斋期间，只在日出前和日落后进餐，白天绝对禁止任何饮食。

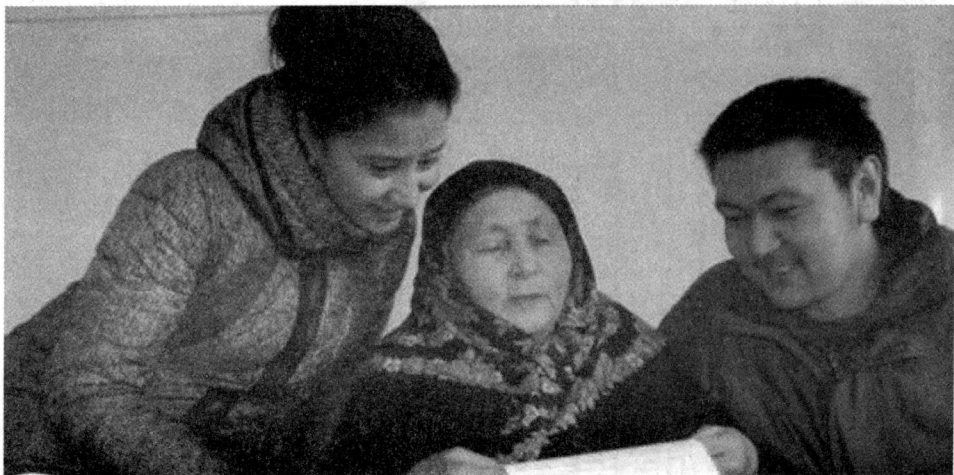

阿尼帕妈妈的丈夫阿比包是解放前参加工作的，对党的感情很深，从来不让自己给国家增加负担。以前每月有1000元工资，一家人生活基本就靠丈夫的这点工资，就是家里的房子裂开了，也是用钢管拉住，勉强维持。

只要当有人需要帮助，当为了社会公益事业，总是倾其所有，不计回报。

阿尼帕是幼儿园园长。

阿尼帕的侄女热孜万古丽是青河县希望小学的老师。

她说："我就是喝姨妈的奶长大的。"

小妹妹哈丽卡姆深有感触地说："大姐阿尼帕和姐夫结婚后不久，我的父母相继去世，我们6个姐妹全在姐姐家住，当时姐姐22岁，最小的妹妹才5岁，姐姐和姐夫实际上承担的就是父母的角色，把我们全部抚养成人。"

很多人说，阿尼帕妈妈是最具有美好品格的人。他儿子阿奔1996年去世，撇下了怀孕的妻子，残疾的岳母和一个精神失常的小叔子，很多人说直接将儿媳妇接回来，别的就不要管了，看着媳妇这么破败的家，阿尼帕妈妈一阵心酸，为了不让老人伤心，就一直没提让媳妇回来的事，平时只要媳妇家有事，她立即打发家人去帮忙。

老干部阿克木克沙没落实政策平反前，没有工作，没有钱，在等待的日子，心情十分烦躁，阿尼帕和丈夫总是好心地安慰他，给他宽心，帮助去落实政策，一年多的时间过去，阿克木克沙就住在阿尼帕妈妈家，直到落实政策。

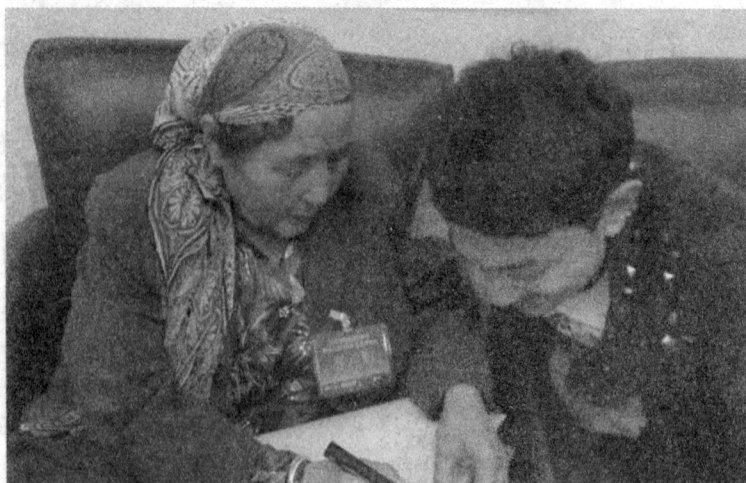

现在回到精河养病的阿克木克沙时时和阿尼帕联系，阿比包去世了，他非常牵挂，还坐车过来看阿尼帕。

在青河林场工作的张爱国不能忘记，他出生

时,妈妈就没有奶,是好心的阿尼帕妈妈省出自己喝的牛奶送给他家,张爱国深情地说,不是阿尼帕妈妈,我早就饿死了。

切克斯是青河阿尕什敖包乡的贫困户,他的手有严重的残疾,生活自理能力差,从1984年以来,他一直把阿尼帕家当成自己的家,家里的面粉常年都由阿尼帕妈妈一家来供应的。

英雄要看他走过的脚印

一个人选择什么样的生活,就要面对什么样的命运和人生,阿尼帕妈妈不是诗人也不是哲理家,每天就是面对着是平凡的日子,真实的生活,严酷的现实和日日重复艰难的日子。

她和丈夫阿比包都是脚踏实地的人,对生活没有太多的奢望和企求,唯一的心愿就是精心养育好这些孩子,让他们长大成人。因为这些孩子倾注了他们太多的心血。

阿尼帕夫妇十分的豁达和坦然,对生活要求得很少,觉得平安、健康是最大的幸福,以前,阿尼帕为抚养孩子受的苦最多,

维族服饰

维吾尔族服饰花样较多,非常优美,富有特色。维吾尔族妇女喜用对比色彩,使红的更亮,绿的更翠。维吾尔族男性讲究黑白效果,这样粗犷奔放。维吾尔族是个爱花的民族,人们戴的是绣花帽,着的是绣花衣,穿的是绣花鞋,扎的是绣花巾,背的是绣花袋,衣着服饰无不与鲜花息息相关。

但对孩子们总是要求得很少,她一个劲地说,我们的日子很好,什么也不需要。

前年,她的在伊犁的亲戚专门来看望她,30多年没见,寒暄中困惑阿尼帕吃了这么多的苦,身体还这么硬朗,阿尼帕告诉她爱和亲情是疗病的良方,看到她们一家人这样自在和平,她深受感动,觉得自己不缺吃穿却心情和身体都不好,每天连饭都吃不下,原来是自己对生活要求太高了。心态摆平,病就好了,平淡生活、满满的爱就是治病的良方啊!在阿尼帕家生活的日子,她如获至宝,能吃能喝了,心情和身体都好了。

现在,辛苦操劳的日子都已经过去,养子们也都全部成家立业。他们有的当干部,有的当工人,有的经商、种地,虽然都不在老人身边,但每到过年过节,总会想方设法地赶回来跟老人住几天,唠唠家常。儿行千里母担忧,每当提起不在身边的哪个孩子,老人总会泪水涟涟地担心孩子们生活不好,担心孩子们在外吃苦受累。而孩子们也同样对老母亲充满牵挂,家里只要有个事,不管大小,哪怕请假,哪怕生意扔下,总会第一时间感到老人身边。

阿尼帕妈妈亲生的子女有9个,其他10个是收养的孤儿。尽管这样,他们坚持说:"我们家19个孩子,个个都是亲生的。"

亲生的子女们反复强调:"不要把我们分成亲生的和收养的,我们都是父母疼爱的孩子。"

被收养的子女们也一再坚持:"这就是我们的家,维吾尔族妈妈爸爸对我们恩重如山。不是亲生胜似亲生。"

爱,多一点付出,就会得到更多更大的满足,也会让爱得到升华,因为,爱加上爱是更多的爱。

在青格里河畔这家朴素的屋子里,每天都上演着一幕幕人间温情剧,感动着每一个人。

第三节　生死之托

"阿尼帕妈妈,您比亲妈妈还亲。"这是养子养女们发自心底的声音。阿比包夫妇收养孤儿的消息传开后,社会反映强烈,当地民政部门决定每月给每个孤儿补助15元。阿比包把这些钱都如数交给了王淑珍四兄妹的继父老金。

当时,老金患有严重的气管炎,为了给老金看病,阿比包夫妇把老金接到县城治疗,并把3个孩子接到自己家来抚养。

老金每次住院,阿尼帕都要给他送饭送水,给予力所能及的照顾和帮助。

1992年,老金在临终时紧紧握着阿比包的手,断断

续续地说:"我快不行了,15年来,你们全家对我们恩重如山,我无法报答。今后,孩子们就拜托给你们啦!你们就是孩子的再生父母……"阿比包流着泪安慰道:"你放心吧,你的孩子就是我的孩子。"老金去世后,阿尼帕夫妇将3个孤儿接到自己家里。

阿尼帕老两口给这3个孩子各取了一个维吾尔族名字:金华叫"麦里燕木",意思是对父母好的女儿;金海叫"热马赞",意思是男孩要像太阳一样热情、力量大;金雪莲叫"索菲亚",意思是清秀、鲜亮。

在收养的孩子里数金雪莲最小,获得的爱也最多。

第四节　将爱进行到底

爱心大家庭

汶川大地震发生后,阿尼帕夫妇天天在家看电视,还从不多的收入中拿出1000元捐给灾区。

阿尼帕看着失去父母的孤儿们总是在流泪,她找到县民政部门的领导说:"我们现在生活不知比过去好了多少倍,我愿意再收养10个孤儿。"在阿尼帕老人的感召下,全县有10多个

家庭向民政部门提出收养地震孤儿的请求,牧民们赶着牛羊来县城捐款,在这个贫困县,各族人民向地震灾区捐款竟达130多万元。

如今,阿尼帕的孩子们都已成家立业,但逢年过节,孩子们总会想方设法赶回来陪老人住几天。

盘子舞

流行于新疆库车、喀什、伊犁、乌鲁木齐、麦盖提等地。用弦乐伴奏,节奏为拍,有专用曲调。它源于新疆库车民间,后流传各地,逐渐发展成为舞台节目,由女子单人表演。表演时舞者两手各持一盘子,指挟竹筷,和着音乐,边打边舞,并在头上顶一盛水的碗,以增加难度。麦盖提县的盘子舞,由男艺人表演,嘴内叼长把木勺,随舞击打碗。盘子舞的步法与舞姿,多来自赛乃姆。

阿尼帕的孩子们已经养成了一个习惯:谁家有困难,只要说一声,就是再难,别人也会搭把手。

2009年"母亲节",央视记者送给阿尼帕老人一件特殊的礼物——她和孩子们的100张笑脸。

在阿尼帕妈妈的眼中,这些孩子从来没有民族之分,"他们都是我的孩子,都是我的血脉,我们是一个和谐的大家庭!"

孩子们的回忆

在孩子们的记忆中,生活虽然苦,但从没饿过肚子。阿尼帕妈妈总是做好饭后就离锅远远的,一碗稀稀的奶茶,撒一把麦粒就是她的一顿饭。为了让孩子们吃上饱饭,阿尼帕夫妇几乎把所有的收入都换成可以吃的东西,并想尽一切办法弄吃的。阿比包下了班就去打土坯卖钱,还去帮别人宰牛宰羊,就为了得到一些牛羊杂碎,改善一家大小的生活;阿尼帕也经常在春天去挖野菜,秋天出去捡麦穗、拾土豆,用这些换面粉、玉米面给孩子们吃。

为了给20多口人做饭,阿尼帕专门买了一口直径1.2米的大铁锅,做一锅饭一个人分不了一碗,锅就见底了。

如今,很多老乡家里有喜事,都会借阿尼帕家的大锅去做抓饭、炖羊肉。人们给这口锅起了个好听的名字——团圆锅,大家都说,只要用了这口锅,家里就会像阿尼帕家一样团结、和睦、幸福。

阿尼帕夫妇的目标不仅仅是让孩子们能吃饱,还要让孩子们有学上。家里用不起电灯,阿尼帕就用破棉絮搓成条,做成小油灯,19个孩子们就在这一盏盏跳动的灯光下读书学习,上完了小学、中学。孩子们没有一个因为家里贫穷而辍学。

第四章 盲人天使萨布利亚·坦贝肯

她看不到世界,偏要给盲人开创一片新的天地。她从地球的另一边来,为一群不相识的孩子而来,不企盼神迹,全凭心血付出,她带来了光明。她的双眼如此明亮,健全的人也能从中找到方向。她是当代的普罗米修斯,虽然自己看不到光亮,却给远在异国他乡的西藏盲童带来了光明与希望。她让我们看到了现代的白求恩! 一个外国盲人能够直接感受到藏族盲童的需求,这需要一种高尚的人道精神,更需要一种博爱的慈善情怀!

第一节 人物解读

个人简介

萨布利亚·坦贝肯,1970年出生于德国,12岁时双目失明。"盲文无国界"组织的创始人。

2009感动中国十大人物之一"光明心生"。

在波恩大学求学期间,她发现藏文还没有盲文,便

借鉴其他语种盲文的开发经验，在世界上第一个开发出藏盲文。

1997年，萨布利亚到西藏旅行。

她骑马穿越西藏各地，发现这里的盲童少有接受教育的机会，便萌生了创办西藏盲童学校的想法。

盲童中心

2000年11月，萨布利亚与西藏残联合作建立的盲人康复及职业培训中心正式运作。

该中心相继开设了一所盲童预备培训中心、一家盲文书籍印刷厂、一个盲人自我综合中心和一座职业培训农场等。

到目前为止，先后有96名盲童在这里接受了日常生活技能培训和藏、汉、英三种语言的盲文基础教育，以及按摩、电脑、手工编织、做奶酪、美术等职业技能培训。

一般经过两年的专门培训，这些孩子都可以进入常规学校学习。一些盲童转入常规学校后，成绩非常优秀。

第二节　西藏盲童的天使

艰难的童年

她看不到世界，却要给盲人开创一个新的天地。她从地球的另一边来，为一群不相识的孩子而来，她带来了光。她的双眼如此明亮，健全的人也能从中找到方向。

萨布利亚·坦贝肯1970年出生于德国波恩附近的一个小镇，在她两岁的时候就被诊断出患有色素性视网膜病变，而且病情将会不可阻挡地恶化，于是父母在她很小的时候就尽可能地带她到处旅游并有意识地让她多看一些照片。

萨布利亚说，直到现在那些山川、阳光和色彩还会偶尔出现在她的梦里，模模糊糊地好像被水浸湿了一样。十二岁那年，萨布利亚完全失去了视力，年幼的她在经历了一段痛苦和艰难的时光后，接受了自己永远也不能再看见的现实，同时也诞生了一个失去了视力并不意味着失去了一切的信念。

随后，萨布利亚上了一所专门的盲人学校，她还学会了骑马、滑雪、划船。

高中毕业以后，萨布利亚顺利地考上了德国波恩大学，她在大学里学习了英语、计算机、历史和文学，并且在研习中亚学时，依靠电脑听音分析器专门学习了藏文。

萨布利亚坚信盲人和

正常人一样也能做很多事，而这也是她在1997年只身来到拉萨旅游的原因。

首次接触西藏

1997年萨布利亚第一次来到拉萨，她喜欢这座沉浸在历史和信仰中的圣城，即使看不见，她也能感受到这里绵延的雪山、清冽的空气、闪耀着金光的寺庙和那些三步一叩向大昭寺缓缓前行的信徒。

在萨布利亚的著作《我的道路通往西藏》中，她曾记述道，拉萨是一个又热闹又空旷的城市。

西藏有着令人羡慕的耀眼阳光，但强烈的阳光也使这里眼病的发病率很高，人口240万的西藏约有1万名视障者。

萨布利亚在拉萨听到这样一个说法：在当地人的信仰里，盲人是因为前世造孽而在今世受到神的惩罚，恶灵驻进了身体夺走了光明。因此盲人在当地象征着一种厄运，有的在生下来时就被溺毙，而活下来的，也在周围人的冷漠和残酷的对待中体会不到一点做人的尊严。萨布利亚决定留下来，她想为这里的盲人做点什么。

萨布利亚开始对这里的盲童亲自进行调查，她租了一匹马，骑上它走向170公里外的孜贡。

当时马的主人不放心他的马，

执意要做向导。"这里没有很多树木对骑手构成危险，而且'马有眼睛'。"萨布利亚认为独自旅行不是什么问题，"必要时问问路就可以了。"她说。在拉萨的色拉寺里她就是这么做的，让人把手搭在她的胳膊上，指给她方向。

在孜贡，萨布利亚了解到：当地人固执地认为盲童说不了话。有个孩子五六岁了，父母把他绑在床上，由于没有运动，孩子的肌肉缺乏发育，看起来就像4岁那么小。

萨布利亚在孜贡找到的第一个盲童很自闭，她认为周围的人都是坏人，还向她扔石头。

萨布利亚发现西藏的盲童最需要的就是和普通孩子一样接受教育，融入社会。她萌生了留在西藏为盲童创造受教育机会的想法，让这里的孩子们免费接受教育。

但当她最初把这个想法与别人沟通时，许多人都认为她的想法不切实际。萨布利亚觉得，既然别人不相信我们，那我们只能坚信自己了，我们能用自己的力量和点子证明给世界看。

　　唯一认可并支持萨布利亚的人就是她在拉萨旅游时邂逅的荷兰小伙子保罗，最终志同道合的两人结为夫妇并一起开始藏盲童学校的创业之路。

盲人夫妇创办藏盲童学校

　　1998年6月,萨布利亚把建立西藏助盲项目的构想向德国政府做了申报,并在第二年得到了德国政府的赞助。1999年,萨布利亚的学校终于在德国政府的赞助下建立起来了。

　　盲童学校的组织工作主要由萨布利亚和保罗所在的"盲文无国界"组织负责,资金主要来自包括德国政府在内的各种机构、财团、基金会和个人。

　　和其他学校不同,这里每堂课的间休时间足足有一个小时,萨布利亚喜欢趴在二楼露台的栏杆上听孩子们踢足球。

　　当球滚动时,装在球里面的铃铛发出声响,就会有很多孩子朝着响声拥过去。

　　有时,学校里那只藏獒也会参与进来,把球咬在嘴里,然后什么都不做。孩子们只好侧耳聆听,互相询问"球呢？ 球呢？ "

　　在盲童学校,孩子们不仅要接受初级的学校教育和基本生活技能训练,还必须接受一些适合盲人从事的职业技能培训。

　　最常见的是按摩、推拿和手工编织,如果具备相关的天赋,孩子们还可以学习医疗和看护。

如今，盲童学校里的学生逐渐多了起来，他们按照学龄分为老鼠班、老虎班和兔子班，开设的课程有英文、藏文、汉语、计算机、美术和音乐等。在美术课上，她会对拿着画笔不知所措的孩子们说："你们都是这里的毕加索"。

每天晚上萨布利亚都会像母亲那样对每个临睡前的孩子轻轻说一声"Good night"。

在数百公里之外，位于日喀则盲童学校的农场里，更多的孩子在学习着织地毯、打毛衣、放牧、种地、挤牛奶，甚至还有孩子用从荷兰学到的技术制作奶酪。

为了让孩子们认识自己民族的语言，萨布利亚在刘易斯·布莱叶发明的盲文基础上创造出藏盲文，并发明了藏盲文打字机，而这些孩子也有幸成为西藏第一批能阅读藏盲文的人。

现在，孩子们每天在课堂上敲击着打字机大声朗读着字母和单词，其中有很多孩子可以操着流利的英语和前来探访的外国人交谈。

盲人找到了自己的天空

2000年11月，萨布利亚与西藏残联合作建立的盲人康复及职业培训中心正

藏族服饰基本特征

藏族服饰是肥腰、长袖、大襟、右衽、长裙、长靴、编发、金银珠玉饰品等。由于长期的封闭性生存，藏族服饰发展的纵向差异并不大，其基调变化亦小。藏族服饰的形制与质地较大程度地取决于藏族人民所处生态环境和在此基础上形成的生产、生活方式。

式运作。该中心相继开设了一所盲童预备培训中心、一家盲文书籍印刷厂、一个盲人自我综合中心和一座职业培训农场。一般经过两年的专门培训,学生们都可以进入常规学校学习,一些盲童转入常规学校后,成绩非常优秀。

不少孩子通过学习找到了谋生的方法。多吉和强巴兄弟是2000年来到盲童学校的,回到家乡后他们开了一家茶馆,兄弟二人都是先天遗传性失明,家里的生活从前很大程度上靠政府救济,如今他们能自食其力,让全村人惊诧不已。另外一个孩子在拉孜的一家旅馆里当翻译,据说现在很神气。

为激发孩子们的潜能,2004年萨布利亚邀请第一个登上珠穆朗玛峰的盲人埃里克·威亨梅尔和他的登山团队来西藏指导盲童们向喜马拉雅山脉一座海拔7000余米的高峰发起挑战。

经过精心准备,萨布利亚夫妇和6名盲童在埃里克的带领下成功攀登至海拔6500米的高度。

这一次的"壮举"并非心血来潮,萨布利亚是要通过这次登山活动让这些孩子们明白,只要拥有人生目标,我们不仅可以做很多事,还可以做正常人都完成不了的事情。

萨布利亚用自己的努力和行动,让原本生活在黑暗中的自己和这些孩子们"看"到了多彩的世界。

现在这位美丽的姑娘又去了印度,她决心在印度创办盲童学校。萨布利亚的学生玉珍告诉大家,萨布利亚为她的生活打开了一扇崭新的大门,给了她一个新的世界,也等于给了她第二次生命,从萨布利亚那里,她获得了生活的自信和勇气。她希望自己能够像正常人一样为社会做贡献,而不是成为社会的一个包袱,更希望能够建立更多的这样的盲人学校,让更多的盲人有机会接受教育。

第五章　大男人的媒婆时代

　　有这么一群人,他们对于创业有着近乎疯狂的痴迷,他们抓到机会就迅速投身其中,他们有"不怕死"的精神,他们就是创业者。百合网创始人就是这样的创业者,他们在对危险感知层面有些"迟钝",也正是他眼中的机会和希望指引着他越走越远,独特的"心灵匹配,成就幸福婚姻"的婚恋服务模式,在创立不到一年的时间内成为我国最大的严肃婚恋交友网站,成就了不知多少人的幸福爱情,他给我们讲述了一个有苦亦有甜的创业故事。

第一节　人物解读

慕岩简介

　　慕岩是"中国首席婚恋服务专家——百合网"联合创始人之一。获得清华大学计算机和企业管理双学位, 后赴美国麻省大学攻读博士。回国后,慕岩曾创办信诺思软件公司,成为中国酒店宽带业务系统的领先供应商。2005年,与清华校友共同创办百合网,现任百合网副总裁。

教育经历

　　1991年,就读于清华大学计算机系和经济管理学院,获得计算机和企业管理的双学位(本科)及计算机硕士学位。

1999年，赴美国麻省大学攻读博士。

2008年，中国科学院心理研究所硕士班毕业。

职业经历

慕岩先生曾在微软中国研究院、美国WebEx公司担任技术开发工作。

2003年，回国创办信诺思软件公司，成为中国酒店宽带业务系统的领先供应商。

2005年，参与创办百合网。

成就及荣誉

慕岩是"中国首席婚恋服务专家——百合网"创始人之一。是全国婚姻介绍行业国家标准的主要起草人，也是"婚姻家庭咨询师"国家职业标准的主要起草人和统编教材的编委之一。

田范江简介

百合网首席执行官田范江，百合网CEO，创始人。百合网同事都称他为Jason。在创办百合网之前，田范江博士曾在著名咨询公司埃森哲担任咨询经理。在过去三年中，田范江为多家全球500强企业提供了市场战略和IT战略咨询。并单独负责了多个大型工程的实施与执行。

田范江在2000年共同创办了易居电子商务有限公司并运行一

年,具有丰富的初创公司运营经验。2004年创办百合在线科技有限公司任CEO至今。田范江毕业于清华大学计算机系,获得工学学士和博士学位,并被评为优秀毕业生。

教育经历

1991年,田范江先生进入清华大学计算机系学习;

1996年,获得清华大学工学学士学位;

2000年,获得清华大学工学博士学位。

职业经历

2001年,任职于国际信息化咨询公司埃森哲,担任咨询经理,先后为多家世界500强企业提供战略、管理和信息化咨询;

2004年,离职创业。

2005年推出婚恋交友网站百合网并任首席执行官;

2008年,任中国社会工作协会理事,婚介行业委员会总干事;

2009年,被聘任为全国婚庆婚介标准化委员会副秘书长。

成就及荣誉

1、在国内首先推出了"心灵匹配"的服务模式,以及"爱情顾问"的新职业,不断创新使之成为中国婚恋服务行业的领军企业;

2、作为中国社会工作协会理事、婚介行业委员会总干事,组织了多次大型研讨会;

3、作为全国婚庆婚介标准化委员会副秘书长,为推动中国婚姻介绍行业的标准化、正规化做出了重大努力。

第二节　男人媒婆的红尘路

创业之初的三个大男人

2004年4月,北京的春天味儿已经很浓了。憋在田范江心里的创业梦也跟着春天一起发了芽。他给大学同学慕岩打了一个电话,又约校友钱江吃了一顿半小时的快餐,出来创业的事就这样决定了。尽管三人还没想好做些什么,6月30号,他们就同时向公司递交了辞呈。

"我们没有方向,唯一可以确定的大方向,便是中国的风险投资环境变好,中国的互联网将再出现一次新的发展高峰,我们有决心、有能力,所以我们应该出去做点什么。"当天,在北京一民宅,三个30出头的大男人,就这样开始了创业之旅。

他们是清华校友,更确切地说是系友,慕岩更是睡在田范江上铺的兄弟。本来博士毕业后,各自有了精彩的工作和生活,却又因为共同的创业梦想而聚在一起,拧成一股绳。"创业是我们认可的一种生存的方式,我们喜欢创业这样的生活,厌倦每天坐在那里做一份别人给安排的工作,就是这么简单。"尽管两人都有着让人艳羡的工作,可流淌在血液中的创业冲动,依旧催促着他们——"去折腾吧"。

那处民宅是田范江的家。三人围坐的桌面上丢着几张纸,上面密密麻麻写满了他们心里憧憬的方向,却在一次又一次激烈的讨论后,被逐一重重地划掉。这样的讨论持续了近两个星期,在将一个个创意划掉后,最终三人确立了做交友网站的大方向。他们拿出各自的存折,办公地点就选在田范江的家,又

婚姻来历

婚姻在中国古代被认为"将合二姓之好,上以事宗庙,而下以继后世婚嫁"的头等大事。传统婚姻礼仪是中国民俗礼仪中最隆重最热烈的礼仪之一。传统婚姻礼仪从周朝开始形成完整的"六礼"。这"六礼"是:纳采、问名、纳吉、纳征、请期、亲迎。

从学校招来几个自带电脑的学生做兼职。创业班子就这样搭建了起来。

"仿佛，又回到了学校，我们有时都吃住在一起，工作累了，躺下就睡；饿了就去找点吃的。下午我们会抽点时间去游泳，因为有梦想，所以过得充实。"

<table>
<tr><td colspan="2">婚姻习俗之纳采</td></tr>
<tr><td colspan="2">是男方请媒人向女方提亲，表达与对方缔结婚姻的请求。传统中的婚姻是包办婚姻，青年男女对自己的婚事没有自主权，到了当婚的年龄，男方家长便请媒人向物色好的女方家提亲。纳采要带礼物。</td></tr>
</table>

这期间，三人一直在摸索着最终的方向，这不是一蹴而就的事情，可躺在账户上的钱却没耐心等待。发完了工资，看着账面上剩下的2000元钱，财务心里就寻思着，是不是又要失业了？该不该投简历找新工作？

可每次在财务捂着存折心惊胆战的时候，田范江他们都会恰到时机地丢过来一个新存折。"在风险投资进来之前，我们必须自己挣钱养活公司。"三人颇为吸人眼球的经历，总能帮他们找到一些项目，每月带来20多万的收入。

三人为了维持公司生计，而设计的培训项目还打入了一个世界500强企业的培训目录名单。在此之前，国内没有人能提供这样的培训，该公司做培训，都是从国外直接聘请培训老师。"那家公司的培训负责人劝说我们开一家培训公司，可以说，我们能达到这家公司的培训要求，就等于打开了所有外企培训的通道。

婚姻习俗之问名

如果女方收下了男方的聘礼,就表示同意这门婚事。于是就要实施第二步程序——问名。问名,就是请媒人交换男女双方姓名、生辰、籍贯、三代的名号与官职。也就是互相通报"年庚八字"。问名之后,男女双方要交换"八字"。这种"八字"是写在一张红纸上,纸宽约(3厘米),长约(24厘米),上面写男女双方的出生年月日时。

每天磨磨嘴皮子就能得到几万元的收入,说实话,我们也有过一丝犹豫,但马上就放弃了做专职培训的念头。"

分工合作

俗话说,"三个女人一台戏",三个大男人凑在一起,也难免有争执的时候。为了避免不必要的争执,他们把"三人行必有我师"的古训摆在了前面。"尽管公司还是一个雏形,我们却为公司制定了详细的规则,谁擅长什么,负责哪一方面,遇到意见不统一时,怎样处理,我们都事前做了明确规定。"

不光是分工,三人将股份分配,甚至将来的退出机制都明确得一清二楚,"这是一个公司长大并稳定发展的前提。"尽管分工明确,争执依旧难免。三人虽都在为公司着想,也有想法不一致的时候,"争论到激烈的时候,也有人大嚷着'不可理喻',摔门而出,可第二天依旧准时来上班,因为我们知道,我们的目的是相同的。"

经过几番摸索后,在交友网站的基础上,三人最终确立了婚恋网站的发展方向,谁也没想到,三个男博士最终选择了这个行当。被人叫做"媒婆",尽管有些搞笑,他们却确信这个拥有上千年历史的老行当可以在互联网上开出新花。

"在互联网上一定要做一个有上亿用户的生意才能活下来,人最终会越来越走向互联网化,在网上生活的空间会越来越扩展,而人不

应该总是孤立的,只有你把人连起来成为一张网,别人才很难能击败你。"

他们做了一个快速的分析判断,婚恋这个人群一年有大概3~4千万,中国的单身网民中生活在大中城市的大概有1000万到2000万,市场还会不断成长,上网的人会越来越多,适婚年龄段成长的速度会更快一些,做好婚恋这一点之后,还可以在这个市场里继续延伸。这个市场够大,但又大不到吸引所有的巨头来关注,所以他们有机会也有生存的空间。

于是,三人乐呵呵地当起了"媒婆"。一次,田范江打车去办事,路上和别人打电话聊自己的百合网,到目的地时,司机递过一张纸,要田范江把网址写下来,说回去要给自己那个老大不小还单身的妹妹。这让田范江他们更有信心了,"我们连教育消费者这个环节都省了,能不成功吗?"

被VC追着跑

田范江他们并不是婚恋网站的发明者,他们进入这个行业时,婚恋网站少说也有几十家、上百家了。一没经验,二没充裕资金的三人如何才能从市场中脱颖而出?美国最成功的婚恋网站eHarmony给了慕岩很大的启发。

2007年,eHarmony的收入规模接近2亿美元,毛利润能达到90%,一年能解决3万多美国人的婚姻大事,今年甚至还因为对社会和谐的贡献受到了布什政府的嘉奖。这个网站能在美国众多的婚恋网站脱颖而出,成功的秘诀就是一套有着几百道题目的测试题。这套测试题能帮助客户分析自身的恋爱特点,并根据这个特点,为客户量身挑选合适的对象。

三人深受启发，在网站还没搭建起来之前，便重金聘请做过多年婚姻幸福度调查的北京师范大学心理研究所，还有北大和中科院的两家社会心理学研究机构，耗时三个月，设计了一套100道题目的测试题。在国内率先推出了心灵匹配服务。根据心理测试的结果，了解用户数十个影响婚恋幸福的性格特征，通过30多个维度的交叉比较，为用户推荐合适的交往对象，成功突破了网络交友"知人知面不知心"的难题，让用户能够通过百合先进的匹配推荐与精准搜索系统，找到幸福指数更高的伴侣。

这一服务果然是个"杀手锏"，一推出便引起广泛关注，头一个月，网站注册率就达到了80%。有段时间每天光邀请来的用户就达8000人，在两个月之内仅仅是邀请来的用户就有50多万。

网站注册人数的攀升，却让三人心里起了急。银子哗哗不断地流出，因为网站事务繁忙，三人也没时间总跑出去做兼职。如果没有钱，之前的努力就将功亏一篑。

那些困难的日子是难忘的，创业早期，田范江只有两个员工和一台电脑，"工期又紧，这两个员工常常一个人工作另一个睡觉，一个醒了来接替另一个"，后来，因为请不起正式员工，除了创业骨干外，暑假期间兼职的学生成了百合网第一批员工，田范江的家成了公司办公室，餐桌上摆着六台员工自带的电脑，"他们睡床上，我和我的合伙人睡在沙发上"，激情支撑着这些有梦想的青年。

婚姻习俗之纳吉

这是第三步程序，也就是纳取吉利之意。中国传统的婚姻以"父母之命，媒妁之言"为依据，问名之后，双方通过各种各样的方式考察双方缔结婚姻的可能性。这些活动叫"合婚"，近代所称"批八字"，也就是近代的"订婚"。换帖之后，双方的婚事就定下来，不能随意否定。同时，男方逢年过节都要向女方家送礼，并且要向女方提供四季衣物。

在田范江眼中，缺钱是创业路上最困难的事，创业初期，田范江的团队自己做了自己的天使，陆陆续续的投放了100万人民币，而发展下来，"在没有获得融资的时候，我们手上只有1000多块钱，已

经不够一天的支出，当转型为百合网时，公司只剩20万人民币，我们靠出去给人做咨询和讲课来养活这家公司"。但他坚信，百合网一定会融到钱的。恰在此时，eHarmony成功融资1.1亿美元，成为当年全球互联网数额最高的一笔风险投资。

> **婚姻习俗之纳征**
>
> 纳征也称为"纳成"，就是男方向女方家里送彩礼。只有此项仪式完成后男方才可娶女方。所以，中国传统婚姻被称之"买卖婚姻"。婚嫁纳征，可以是一次，也可以是两次，如果是两次，就叫小定礼和大定礼。这是进入婚姻阶段的重要标志。旧时的纳征相当于现在的送骋礼。送彩礼时间，一般定于新娘过门的前一天。

这条消息让三人仿佛抓到了一根稻草，以为这次有救了，却没成想这还真是根稻草，救不了三人的命。当田范江拿着商业计划书，敲开风险投资商的大门时，却没有人愿意为中国的eHarmony——百合网投钱。

"那时风投还没有真正热起来。而我们当时也还是存在心态上的问题。"百合网搭建起了架子，还有很多方面并没有完善，投资人也会有这样的担心，是不是连田范江他们自己都不相信自己做的网站，为什么只搭个框架，就急匆匆地跑出来圈钱呢？"有一个比喻很形象，就好像我站在岸边告诉VC，这条河里有鱼，你跳下去吧，你跳下去我就跳下去。VC会想，如果真的有鱼，为什么你还站在岸边嚷嚷呢？而那时，我们就是站在岸边嚷嚷的人。"

于是，他们决定，不顾一切跳下去，用实际行动证明给VC看，百合网到底能不能捞到鱼。几个月后，开始有很多人打听这个网站"是谁在做"。

baihe.com
实名婚恋网开创者

百合网飞速的发展，让风险投资商们没有料到，于是纷纷找上门来。

仅几个月时间，境遇天壤之别！三人感慨良多，"心情很激动，明白了所谓'天道酬勤'。投资者也是看中你的团队是不是有勇往直前的决心。再有就是证明了我们当时的决定是正确的，我们辞职创业是正确的，开始决定不去融资也是正确的。"

拿到了钱，三人换了一幢商住两用公寓办公。钱是有了，他们却又遇到了招不来人的尴尬。很多应聘者一听他们是婚恋交友网站都认为是骗人的，他们跟人家说拿到了200万美元的风投，可人家一来面试，看到他们的办公环境，便说什么也不肯来上班了。

通过朋友，费了九牛二虎之力，田范江总算聘请了一位人力资源管理人员，"我面试那位人力资源管理人员特意选在了外面的咖啡厅，可人家第一天来上班原本是来辞职的，却没想到，我们热情的招呼使得他最终没有说出口来，就这样留了下来。"

在资金和人才的双重助力之下，百合网很快就拥有了100万的注册用户，VC又开始了新一轮的攻势，先前冷眼看百合网的那些VC们纷纷找上门来，劝说田范江再融一笔资金。"我们并不想继续融资稀释自己的股份，第一笔200万美元我们只花了很小的一部分，因为一直自己打工创业，养成了很多省钱的习惯，200万美元足够我们运营很

长的时间。"但还是有一个VC说动了他们,对方说:"不要看风险资金进入时稀释了多少自己的股份,关键要看退出时你所拥有的股份的价值。有人肯投钱,就应该先拿着,因为你永远也预测不了未来会发生什么。有了这些钱,至少是发展的保证。"

此时的百合网员工都像上了发条那样拼命工作,加班是常事,创业的氛围感染着所有员工。那位VC约田范江晚上8点多在百合网的办公地点见面,当他故意11点多赶到的时候,还有一半的员工在工作。这种创业团队的精神坚定了VC一定投钱给百合网的决心。就这样,被风险投资商追着,第二次融资,他们拿到了900万美元。

爱情猎头

拿到第二笔资金后,百合网的发展势如破竹,注册用户一跃达到500万。公司的规模也开始快速扩张,从7、8人迅速扩张到70多人。田范江现在回头想想,觉得那钱拿得还是有点早了,"拿到钱有好有坏,快速的扩张冲淡了我们刚刚建立的创业公司文化,几乎每周五下午我们都会召开新人见面会,发展太快,有的时候我们还顾不上加固公司的文化。"

这仅是一个小小的阻力,田范江很快控制了扩张的速度,他希望每一步都稳扎稳打。在公司发展进入轨道后,钱江选择了离开公司管理团队,去开创新的事业,"我们当年未雨绸缪建立的完善退出机制在这个时候起到了很好的效果,钱江顺利地退出,

但他依旧是公司的大股东，依旧关注着百合网的成长。"百合"三剑客"的时代并没有真正意义上的结束，而是从内部的三角稳定支撑，转换到内外结合的三角稳定支撑。

在一步步稳扎稳打中，百合网的盈利模式也逐渐清晰。一开始，百合网的盈利方式主要集中在无线增值业务和少许广告，然而无限增值业务很容易受到政策的影响，十分不稳定，田范江觉得应该改变盈利的模式，然而改变却并非易事。

在百合网，有个颇有百合特色的要求，凡是公司的员工，一年之内还是单身，那就要扣工资，严重的还要开除！一直单身的公司创始人之一慕岩也不例外，他要尽快解决自己的终身大事做个表率。令所有人都没有想到的是，慕岩最终竟是通过百合网的心灵匹配找到了自己的另一半。"这并不是巧合，事实上，我们的心灵匹配绝不是一个噱头。

我们花费了两年的时间，在全国所有省区挑选了1000多对夫妻，用他们的测试结果和他们的现实结果来做验证。结果证明，心灵匹配系统的有效性。"这个极具戏剧色彩的案例，让外人对百合网刮目相看。一直以免费服务吸引用户的百合网发现，突然有用户非要交会费不可。有用户说可以交3万块，只要百合网能给他找一个合适的就行。

田范江发现，有一群用户，他们愿意支付一定的费用，希望百合网帮助寻找匹配度较高的对象，毕竟结婚不是买一件商品，需要付出感情，也需要付出时间去了解，如果直接和匹配度较高的对象接触，可能会缩短走弯路的时间。还有的用户希望确保对方信息的真实性。针对不同的需求群体，百合网推出了覆盖从低端到高端所有用户，并能满足不同需求用户要求的服务模式，从免费的自助服务到几万

婚姻习俗之亲迎

亲迎，就是迎娶，这是婚姻的最后一道程序。从迎娶到闹房，其间仪礼丰富多彩：(1)开脸(2)上头戴髻，俗称"上盖头"(3)铺房(4)吃姐妹饭(5)迎新(6)拜堂(7)婚宴(8)闹房(9)回门。

块的高端收费都涵盖，就这样，盈利模式逐渐清晰起来。

目前，百合网的付费用户已经达到上万名，但相对于几百万的注册用户，这一数字还略显微薄。有专家指出，网络支付还难以完全被用户接受，婚恋网站目前面临的最大问题是诚信体系

喝交杯习俗

酒新郎，新娘在婚礼上喝"交杯酒"是婚礼上重要的仪式之一，相亲相爱交杯酒。习俗起源于秦代，据史料记载，新郎，新娘各执半瓢饮酒，寓意两人合二为一、相亲相爱、百事和谐。到了唐代才将容器换成酒杯，寓意还是一致，象征着永结同好，同甘共苦的深意。

的缺乏。整体中国诚信体系的不健全，以及以往婚嫁行业口碑缺失都是百合网不可避免的阻力。2007年4月11日，百合网联合"国政通"推出了国内婚介领域第一个用户诚信体系，系统依靠公安部全国公民身份证号码查询服务中心的权威数据库，将注册用户所填写的资料与数据库进行比对，最终确定用户资料的真实与否。

用户可以在网上方便地申请和通过由"国政通"提供的"身份通"数字身份认证，防范各种利用假身份进行的欺诈和犯罪活动。同时，用户间互相监督，任何百合网的用户只要被3个不同的用户投诉，就会被删除账号。另外，经过身份认证的用户将在网站中享有更高权限和优先推荐。与此同时，百合网还会根据不同会员的要求，帮助会员验证对方的其他信息，比如学历等等。

鉴于中国文化崇尚内敛，人们更愿意相信面对面的交流，百合网进而确立了线上线下相结合的商业模式，在线下推出了相亲店的服务模式。目前，百合网的线下

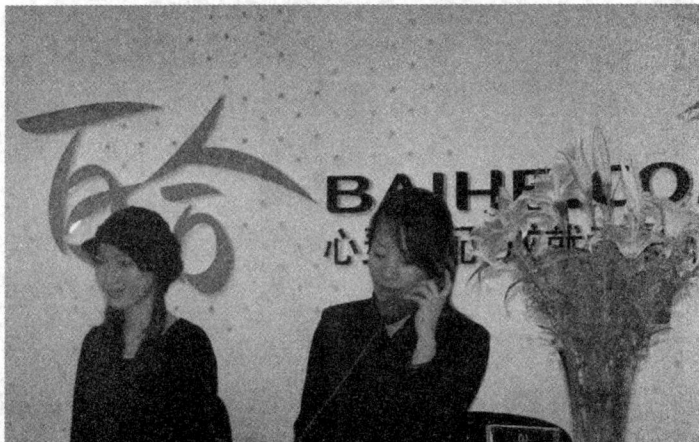

相亲店数目已经达到三家,这三家相亲店几乎天天爆满。

经过四年多的发展,三位男博士当年写在纸上的一个创意,如今已经如此成型饱满,百合网的发展模式更已清晰可见。目前,从用户数量、活跃用户比例、对用户婚恋过程的介入程度、会员婚恋服务形态等等各个指标来看,百合网婚恋服务已经成为中国第一综合婚恋服务品牌。尽管还没有实现盈利,田范江却认为,他已经看到盈利的那一天了,他肯定地告诉记者:"今年的第四季度,百合网实现盈利不成问题。"

创业者一定要享受竞争

度过了最艰难的日子,百合网迎来了和煦的阳光,整个在线婚恋行业的热度也急剧攀升。"我看到更多的是机会,创业者所承受的压力一定得是你觉得值得去承受的,如果没有机会,为什么要选择在这里承受压力呢?"田范江如是说。

面对激烈的同质化竞争,田范江认为,有这么多人去做,正说明有市场,"作为一个创业者来讲,一定要享受竞争才可以的,竞争恰恰是创业的魅力所在,没有竞争的创业没有意义"。同时,他也指出,这个竞争必须是大家都在增长的竞争。有相关预测数据显示,2015年婚恋市场规模将达到19亿元,在如此庞大的市场中,田范江必须享受竞争,而行业整体关注度的提高也正是竞争带给行业的福利。

而关于维持持久竞争力的问题,田范江表示,

先建立起来别人很难抄袭或者超越的模式是好的，而婚恋网站在商业模式的抗竞争性上差一些，所以要通过营销以及长时间的累积来建设品牌资产，通过建立统一管理体制和高效执行力来建立好的公司。他认为："好的公司就可以持续运营一个好的产品，这是一个建立竞争壁垒的方法。"

同时，田范江的团队也试图通过创新让百合网看起来很独特，注册时的婚恋测试和实名制是百合网与别家婚恋网站最大的区别，"百合网未来的规划是做婚姻专家，这是我们持久的战略"。

如今，百合网已经发展到了一定的规模，同时有了下一步的规划，田范江称，今年年底或明年年初，百合网将完成上市的准备。

从无中生有，从一片荆棘中杀出一条路，在是田范江对于创业的理解，而他自己同样在这条布满荆棘的路上行走，他想创业，于是他就去干了。当有了强大的团队，有了对技术的前瞻性，有好的执行力……成功或许并不遥远。

第三节 副总成功相亲成就网站爱情模型

相信94%

百合网创建之初，慕岩就申请了账号，昵称"慕容岩岩"，几年下来，也累计收到过上千封女用户的来信。起初注册回信是为了测试系统的运行和用户体验，直到2008年，百合网的工作已经步入正轨，马上就要奔四的慕岩开始为自己的婚姻大事着急。他能想到最靠谱的解决单身问题的途径，当然是自己创办的百合网了。

2008年，慕岩先后见了几次网

切婚礼蛋糕习俗

新娘和新郎要隔着糕饼接吻。将各种糕点混在一起，在加盖一层雪白的糖霜，就成了现代的婚礼蛋糕。新郎和新娘必须一起切下第一块蛋糕，不能一个人切；面包屑幸运，单身需把蛋糕的屑带回家，放在枕头底下预示吉祥。

抛洒彩色纸屑习俗

抛洒彩色纸屑风俗起源于意大利,凡参加婚礼的人,要向新人撒一把五彩缤纷而细小的糖果,祝福新人过着甜蜜的生活。而后,改为撒彩色纸屑。

友,但都没有后续。直到12月的一天,一封只写了"你好"两个字的来信引起了他的强烈关注,根据心灵匹配测试系统显示,两人的匹配指数达到了94%,慕岩抑制不住内心的悸动,经过两三个回合的通信,两人决定见面。

第一次见面没有擦出火花,但眼睁睁看着"最匹配"的爱人有可能与自己擦肩而过,慕岩不甘心,"怎么也不能辜负了这么高的匹配度!"两人都是抱着这样的念头见了第二次、第三次,在第四次见面的时候确定了恋爱关系。他们发现,原来那个邋遢的胡须男这么幽默善良,原来那个傻里傻气的姑娘这么优雅知性,两人的感情迅速升温。

当得知"慕容岩岩"就是百合网的创始人之一后,于丽莎的第一反应是"你不是在做调研测试吧?"慕岩也是在此时才得知,自己是太太注册两年多以来主动发的第一封信。他自豪地说:"还是我自己的这套系统靠谱啊!要不然茫茫人海,我要寻找多久啊。"

像慕岩夫妇这样的"百合夫妇"已经超过了上万对。田范江经常会拿这些成功牵手的会员举例子:"你看,这对要是没成得多可惜啊,人们已经连自我认知的时间都没有了,又怎么可能找到一生的伴侣呢?我们就是要帮助用户首先认识自己,再帮他们认识别人。所谓

知人知面不知心,我们要做的就是'知心'这部分的生意。"

不过,想要知心谈何容易。大多数人真正了解他人都需要花费多年时间,尤其是在婚姻大事上,人们往往需要打一场旷日持久的信息收集战,最后成功的几率也未必高。

"你不觉得这样太浪费时间了吗?"田范江对这种凭着感性和体验来寻找配偶的方式提出了质疑:"人们总说'世间人有千万,总有一个属于我。'照这种方法,按照千万分之一的概率,要多久才能觅得知心人?如果你能一开始就知道对方大致是个什么样的人,那效率就高多了。我相信婚姻是可以通过一套精密的算法达到完美的匹配,这一点我们已经通过数据证实了。"

田范江所说的精密算法,就是百合网的心灵匹配测试系统。简单来说,心灵匹配测试系统是把人通过恋爱类型、个性特征、价值观念、关系互动四个方面进行数据剖析,形成数据模型,再根据特定的心理学匹配算法,在百合网庞大的用户资料数据库中进行筛选,以匹配度数值为标准进行排名,将匹配者由高到低推荐给用户。

心灵匹配测试系统可以在恋爱前起到匹配的作用,让系统筛出匹配度高、未来幸福概率高的对象,然后再培养感情,缩短两人互相了解的时间,减少犯

错误的概率,调查表明,通过"心灵匹配"方式找到伴侣的夫妇婚后48个月的婚姻满意度高达83%。也可以在恋爱之后再来做这个测试,它就像一张体检表,展示了激情背后,两人在个性、价值观上存在哪些差异,婚后可能出现什么问题和争端,以供预防。

跟其他婚恋网站方便快捷的注册方式不一样,百合网的所有用户在注册时,都必须完成12道心理测试题。根据这12道题的结果所得出的用户四部分性格特征:内向(I)/外向(E)、直觉(N)/感觉(S)、思考(T)/情感(F)、知觉(P)/判断(J),就能够将用户划分为隶属于四大部落的16种恋爱类型:意义追求部落—作家型(INFJ)、教师型ENFJ、记者型ENFP、哲学家型INFP;知识追求部落—领袖型ENTJ、专家型INTJ、学者型INTP、发明家型(ENTP);安全追求部落—将军型ESTJ、公务员型ISTJ、主人型ESFJ、照顾者型(ISFJ);刺激追求部落—冒险家型(ISTP)、表演者型(ESFP)、艺术家型ISFP、挑战者型(ESTP)。

完成这12道恋爱类型题还仅仅是完成了初级注册过程,只能判断用户的基本恋爱类型。要想更深层次地了解自己,获得系统精准推荐的理想伴侣,就还要再完成25道心灵匹配深度测试,去收集用户在个性特征、价值观念和关系互动层面的数据。比如婚后对于处理财产的态度等问题,系统能据此准确判断用户对价值观念层面中"消费观念"的真实看法。

在心灵匹配深层测试中的算法更加复杂和多变。在个性特征层面,双方的独立性、支配性,以及理性感性方面要互补才能减少冲突;在内向外向方面要相似才更利于婚后生活的同步。在价值观念层面,双方在消费观念、经济观念、性爱观念、生育观念等方

面要尽量达到一致,如果不能达成统一,这些问题很可能成为婚姻的定时炸弹。在关系互动层面,双方的沟通意愿、敏感程度、亲密倾向等指标要和谐,才能进一步推动双方关系的深入。这样面对不同的匹配对象,就能演算出上千种不同的结果。

结婚禁忌

1.安床后到新婚前夜,要找一个未成年的男童和新郎一起睡在床上。因为传统认为"睡空床,不死夫也死妻"。

2.结婚当天,到晚上就寝前,所有的人尽量远离新床,尤其新人绝对不可碰到床边,会不吉利。

3.婚礼当日,忌让人坐在新床。

百合网在2006年成立了一家婚恋研究院,专门负责完善和调整心灵匹配测试系统。研究所负责人王志国30岁出头,在来百合网工作之前从事人事管理和咨询工作。用他的话说:"原来是做人与职位的匹配,太没技术含量了。现在是做人与人之间的匹配,这才有意思呢!"这话说得也符合他记者型人格的特点——对发现生命的意义非常有兴趣。

30个关键指标

在决定进入互联网交友这个领域时,田范江、慕岩、钱江三人对当时中国所有的婚恋交友平台做了调查。他们发现,包括新浪、腾讯、雅虎在内的门户网站,虽然已经拥有了庞大的用户群,但没有一家真正成气候。分析原因,主要存在两点:第一,用户反馈交友效率低下,用户体验部分存在严重缺陷;第二,网络环境不严肃,骗子多。

田范江意识到,国外以Match.com为原型的众多婚恋网站,虽然能方便地帮助人们汇聚数以万计的用户信息,但人脑没有能力迅速分辨、筛选出符合自己条件的对象,很快就被数据淹没了。如果能找到一种工具帮助人们去加工筛选数据,把它变成有价值的信息,那么这种增值服务对于用户将会非常有价值。把这个理论嫁接到网络婚恋市场上,三人希望能在世界范围内找到一种模式,可以帮助用户筛选掉目的不严肃的人,分析出价值观与个性是否相符合,eHarmony.com迅速进入了他们的视野。

eHarmony的年收入规模接近2亿美元，毛利润高达90%，一年能解决3万多美国人的婚姻大事。而这个网站能在美国众多的婚恋网站脱颖而出，秘诀就是一套有着几百道题目的测试题，能帮助客户分析自身的恋爱特点，并根据这个特点，为客户量身挑选合适的对象。

结婚禁忌

1.婚礼当日，新娘不可任意躺在床上，否则长病在床。

2.婚嫁忌生肖虎的人观礼。

3.结婚之日新娘出门时姑姑嫂嫂不能相送。

4.成亲日新娘离开娘家时，哭得愈厉害愈好，因为"不哭不发"。

参考这个模式，田范江提出了心灵匹配模式。

"当时瞄准eHarmony模式的同行不止我们一家，但其他竞争对手感觉前景没有想象中的乐观，马上就放弃了，只有我们有信心一直走下去。原因是，我们在下决定之前已经做了充分的分析，是基于用户的需求做出的决定，即使是初期的效果不好，也不是大方向出现问题，只可能存在未来优化的问题。"

2005年情人节，百合网诞生了。刚成立时仅有6名员工，办公场所就设在田范江的家里。百合网一开始就仿照eHarmony自主开发了一组心理测试题目，测试虽然简单，但因为是首创，依然引起了广大用户的好奇心，纷纷注册体验这项新服务，新增用户很快由每天1000人迅速上升到每天4000人。

2005年9月，在拿到美国顶级创投Mayfield和GSRVC(金沙江创投)联合向百合投资的200万美元后，田范江做的第一个决定就是找到了国外著名

的心理学家亚历山大·阿维拉博士，斥资100万元人民币把他研究了十几年的爱情匹配理论独家引进中国，这就是百合网的第一代心灵匹配测试系统。

二代心灵匹配测试系统上线

经过几个月的测试和检验，田范江发现第一代心灵匹配测试系统"水土不服"了，比如系统中关于外国人区分内向和外向的标准完全不适用于中国。除此之外，系统只能测量恋爱类型，对个性特征、经济观念、生育要求、消费习惯等价值观念的测量并没有涉及。在田范江看来，每个用户就是一条数据，这套系统最重要的部分就是原始数据的真实性和准确性，如果输入的是垃圾，输出的也是垃圾。

2006年3月，百合网拿到了第二笔融资款，硅谷著名创投NEA联手他们的中国伙伴Northern Light VC（北极光创业投资基金）联合向百合网投资900万美元。田范江马上邀请了国内最优秀的心理学专家以及北师大心理研究院帮助百合网进行心灵匹配测试系统的本土化改进，组建了百合网婚恋研究院。

2006年6月开始，王治国带领30多名研究人员走访3000多对夫妻，提取了广泛的样本，分析出100个影响婚姻的因素，通过数据研究婚姻幸福的规律，不断筛选和优化，留下最能代表中国人特点的关键指标，最终确定了通过30个关键维度的相互比较，为用户提供匹配。2007年实现了新数据与老数据的对接，第二代本土化的心灵

匹配测试系统上线了。

2011年5月,百合网对心灵匹配测试系统进行了第三版改进,在保持准确度的同时,将题目压缩到原来的1/3左右。心灵匹配测试系统还会根据婚恋研究院每年一度的中国人婚恋态度调研,来进行数据补充和完善。

为了能使匹配度更加准确,百合网在这套系统的完善上前前后后花费了将近1000万元,其中的核心算法和技术更成为了百合网的最高商业机密。田范江很清楚,数据生意做得越久,功能越强大,其他竞争对手就难以复制,越有利于保持领先的优势。

慕岩成功相亲

创办百合网的时候,慕岩还是单身。在心灵匹配测试系统完善的过程中,慕岩对于这个产品应该做成什么样子,从一个单身的角度提了很多意见,同时他也成了这个产品的积极使用者。"我太明白不合适的两个人硬拴在一起是件多么痛苦的事了。"

慕岩在研究生毕业时结束了一段长达4年的爱情。两人最初的感情很好,但随着交往的深入,越来越明显的价值观差异显现了出来。出国后,两人最终决定分道扬镳,朝着两个不同的方向发展。分手后,慕岩把自己关在小黑屋里哭,连续几天没出门。

在这次感情创伤之后,慕岩逐渐认识到婚姻匹配的重要性,在对待感情的态度上也更加理性。"我明白,婚姻和爱情是不同的。爱情是化学反应,但婚姻是社会性的行动,是两个家庭的结合,要经过考察、磨合、试探,最后才能做出终身要在一起的承诺,是理性的。"慕岩在国外的时候曾经参加过朋友组

结婚禁忌

1.新娘的衣服忌有口袋,以免带走娘家财运。

2.结婚后第三天,新婚夫妇携礼回娘家,即为归宁。但切记当天需在天黑前赶回夫家,不能在娘家过夜。

3.结婚后的四个月内,新娘不可参加任何婚丧喜庆的仪式,以免冲喜。

4.新娘的镜子也忌借给他人。

织的相亲会,也用过当时风靡一时的雅虎"有缘人",都以失败告终,直到自己创办了百合网。

老板的身体力行让百合网员工也都"皈依"心灵匹配测试系统,第一次见面他们的开场白总是:"你是什么型人格?"而他们每张名片上都印着"我是具有XX特点的XX型人类"。在新职工

的入职欢迎会上,百合网送给员工的第一个礼物是水晶百合VIP使用账号,通过这个账户,员工可以免费利用百合网的资源寻找另一半。慕岩曾经威胁员工:"一年之内没有找到男朋友女朋友的,年底没奖金!"结果一年之内,两位老板收喜帖收到手软,发红包发到心疼。

通过百合网结识的新人有很大一部分是闪婚,在田范江的记忆里,最快一对结婚的小两口是在第一次见面之后聊了一天一夜,第二天就去民政局领证了。用他们自己的话讲,谁让民政局周日不办公呢,要不我们天一亮就直接去了。

在他们的决定受到家人质疑时,田范江站出来说话了:"谁说闪婚就是冲动?就像狙击手扣动扳机一样,如果对自己要什么样的人非常清楚,一见到符合标准的人马上就能结婚。很短时间做的决定不一定是错的,主要是看你做出决定的依据是否充分。心灵匹配测试系统现在还不能还原涉及爱

情和婚姻的全部方面,但我们的确已经做到一大部分了,已经可以与一见钟情的化学反应交叉互补。"

百合网北京办公区的大门两侧设有一面贴满会员婚纱照的相片墙,作为百合网创始人,田范江每次路过时总要停下来仔细端详几秒,嘴里嘟哝着:"挺好,挺好!"

第四节　百合网——你我感动的开始

网站简介

2005年5月,百合网正式发布,在中国首家推出了"心灵匹配,成就幸福婚姻"的独特婚恋服务模式,截止2010年10月31日,会员数量为3000万。目前,从用户数量,活跃用户比例,对用户婚恋过程的介入程度等等各个指标来看,百合网已经成为中国最大的婚恋网站。

百合网为用户提供独特的"心灵匹配,成就幸福婚姻"的婚恋服务模式。所有加入百合网的用户都需要完成一个历时30分钟的专业爱情心理测试,百合根据心理测试的结果了解用户数十个影响婚恋幸福的性格特征,通过30多个维度的交叉比较,为您推荐合适的交往对象。百合网突破了网络交友"知人知面不知心"的难题,让用户能够通过百合先进的介绍系统,找到幸福指数更高的伴侣,成功地满足了数百万都市白领对高效率、高

质量、高诚信度婚恋服务的要
求。2009年全年促成的姻缘数
量为22.3万。

百合网下设专业的百合婚
恋研究院。它是由百合网与中国
最知名、最权威的心理学与社会
学研究机构——北京大学、中国
科学院、北京师范大学合作建立

> **说媒定亲**
>
> 传统婚俗要求恪守封建礼教,依从父母之命,媒妁
> 之言,讲究门当户对。男女成亲必须请托媒人,双方不
> 得私订终身。在曲沃、侯马一带,男女双方同意了,还要
> 请媒人吃"允亲面",先到女家吃,吃过喜面,即为女方
> 肯定。再到男家吃,除面之外,有的男家还让吃双层蒸
> 饼中间夹菜的"双合子"。

的,是国内第一家以爱情、婚姻、家庭为研究主题的专业研究机构。研究院
拥有专职和合作研究人员30多名,80%拥有博士学位,致力于中国人的婚
恋、家庭课题的深入研究。百合研究院聘请美国著名婚恋心理学家
Alexander Avila博士为顾问并获得其享有盛名的恋爱类型系统的中文版
独家授权。

企业荣誉

2006年,百合网凭借在婚恋服务方面的创新、科学、专业以及高速成
长,在600多家亚洲新兴高科技企业中脱颖而出,获得了"年度Red
Herring亚洲100家未上市科技百强企业"荣誉,并成为当时唯一荣膺Red
herring亚洲百强的婚恋网站。

2007年,百合网荣膺"中国商业网站排行榜婚恋交友类"第一名。

2010年,工信部信息安全协调司联合中国电子信息产业发展研究院
权威发布《2009年网站个人信息保护测评报告》,百合网在电子商务、招
聘、婚恋和游戏4大行业共62个网站中,总评分排名第一。

2011年,百合网在信用与安全方面再获殊荣,成为"企业信用评价
AAA级信用企业"。

第六章　半世纪的爱情天梯

　　谁说缘分没有天定,谁说没有一见钟情。50年前的那一幕,就像隔了半个世纪的风,缓缓一掀,还是含满了绿意,吹开了他心中永恒的春天。上世纪50年代,20岁的重庆农家青年刘国江爱上了大他10岁的"俏寡妇"徐朝清。为了躲避世人的流言,他们携手私奔至深山老林。为让徐朝清出行安全,刘国江一辈子都忙着在悬崖峭壁上凿石梯通向外界,如今已有6000多级,被称为"爱情天梯"。

第一节　人物解读

爱情事迹

　　刘国江、徐朝清:50年锲而不舍,六千步生命天梯;爱情不是闲云野鹤,而是在生活的悬崖峭壁上不停地开凿与融合。两万个日月星辰,见证了当代日益稀缺的——经典爱情!另外香港乐团CAllStar演唱会的歌曲《天梯》正是在唱他们的爱情天梯的故事。

第二节　深山里的爱情

隐居深山

重庆市江津南部中山镇往南30多公里,是数万亩连绵起伏、人迹罕至的深山,这里紧邻四面山,是渝、川、黔三省市交汇处。深山中有一座叫半坡头的高山,山顶海拔1500米,夏天与外界温差在8摄氏度左右。

2001年中秋,渝北鸳鸯镇一队户外旅行者前往此处探险,在深山老林里走了两天两夜,不见一人。

这天,探险队准备攀爬半坡头,发现竟有条人工修筑的石梯通向山顶,石梯上有新鲜的打凿痕迹,撒有新鲜的泥沙。队员们拾阶而上,始终不见一人。两小时后,他们来到山顶,四周一片寂静。突然,密林中传出窸窸窣窣的响声。

大家以为是野兽,吓得都不敢妄动。不料,却见一男一女两个"野人"背着柴火从林中钻出来。仔细一看,又不像野人,二人都很老了,分明是人的模样,穿着老式的蓝布衫。得知队员们来自重庆城,二人竟然问了句:"毛主席他老人家身体可还好?"这句话弄得大家不知如何回答。

看到队员们拍照的闪光灯,女"野人"吓得直往男"野人"身后躲:"你那个怎亮,杀人血脉,不要整了。"良久,探险队员们才搞明白,两位老人不是野人,而是山下高滩村的村民,女的叫徐朝清,男的叫刘国江。

50年前,19岁的刘国江

爱情博物馆

"我们要为'爱情天梯'建一个爱情博物馆,派专人看护。""爱情天梯"所在地的重庆江津中山镇党委书记程纵挺说,他们将让6000级爱情天梯维持原样,并修建防护栏。刘国江和徐朝清居住了半个世纪的小屋就是爱情博物馆,也保持原样。博物馆里,将陈列着见证这对绝世恋人的所有物品,包括刘国江用过打凿"爱情天梯"的钢钎、铁锤、用了半个世纪的煤油灯、发黄的毛主席语录、报纸等。

和比他大10岁的寡妇徐朝清相爱,招来村民闲言碎语。为了那份不染尘垢的爱情,两人携手私奔至与世隔绝的深山老林,远离一切现代文明,过着刀耕火种的原始生活。为让爱人出行安全,刘国江在悬崖峭壁上凿下石梯,一凿就是半个世纪,共凿了6000多级。

探险队将这个美丽的爱情故事带下山,并给石梯命名为爱情天梯。从此,不断有人上山探望这对隐居深山半世纪的恩爱夫妻。

峭壁上6000级石梯,打造一段生死别恋

2006年1月,《重庆晚报》一辆采访车穿过中山古镇场镇,往10多公里外的长乐村而去,过了这个村集市,简易公路沿着飞龙河畔在山沟里蜿蜒20多公里,难见一个人。

大佛菩萨庙座落在河边,这里,任何交通工具都毫无用武之地。庙旁,一座七八米长的独木桥搭在飞龙河上,这座独木桥被当地村民称为大木桥,对面便是半坡头山脚。

山脚是片桫椤林,行走在松软的枯枝败叶铺成的小道上,身边是缓缓流动的云雾,桫椤树不时伸出枝叶,挡住去路。林间间或露出褐红色的岩层,这是属距今至少六千万年的丹霞地貌。

穿过桫椤林,眼前就是上山的石梯。路越来越难走,到后来,需手脚并用才行。有的地方是松木搭的桥,走在桥上,头上脚下全是翻滚的云海,感觉像在天上。大多数石梯建在悬崖峭壁上,路面不足一尺宽。有几处几乎是90度的

垂直峭壁，行进时，上面的台阶快碰着鼻子。这些石梯硬生生嵌在巨石里，云雾中，竖直向上延伸。

天梯右边是令人望而生畏的万丈深渊，幸好左边峭壁上有人工凿出的一个个小坑，可以借力。这些小坑叫手掰窝，是细心的刘国江凿弄的。石梯上有凿子新凿的痕迹，撒满防滑的泥沙，这些也是刘国江凿弄的。

两小时后，才通过6000多级石梯，爬上半坡头山顶。回望来路，刚才那些云雾已被抛在脚下，眼前一片丹霞流云，可看到万顷云海之上的座座山头，如临仙境。

四周仍是树林，密林深处突然传出几声狗叫鸡鸣。顺着声音转过一道弯，眼前豁然开朗——一片菜地围着一幢低矮的土墙屋，屋顶上炊烟袅袅，一道山泉从屋前流过。一位老婆婆坐在屋前缝衣服，一位老大爷在地坝砍柴，一只大黄狗警觉地在屋前转来转去，一群鸡则悠闲地在菜地散步。若非亲眼所见，实在无法想像深山中居然会有如此仙境般的人间景象。

"小伙子，有客来了！"发现有外人闯入，老婆婆招呼老伴迎客。

山里至今没通电，大白天屋里也一片漆黑，借着煤油灯，隐约能看见有三间房屋。屋里只有一些简单的自制桌椅板凳和木床，粗糙但结实，桌上一本发黄的毛主席语录特别显眼。

二人都穿着洗得发白的卡基布（老式蓝布衫），裹着厚厚的头巾，头巾边露出几缕青丝。他们满脸沟壑纵横，牙齿掉得一颗不剩，但精神很好，他们互称"小伙子"和"老妈子"。

沙画《爱情天梯》

当地借助"爱情天梯"这股东风，修建公路，打造旅游景点，按照当地的计划，包括"爱情天梯"在内的整个景区投资26个亿。"爱情天梯"景点将增建护栏，老屋将原貌保存。修建一座收藏二老遗物的会馆。

徐朝清年轻时是远近闻名的大美人，如今虽已年老，但她清瘦的脸庞嵌着一双大大的黑眸，满脸皱纹和松弛的皮肤掩饰不住昔日的风韵。

任何山外的客人和两位老人交谈都很困难，他们听不太懂山外的话，不知道江泽民，不知道邓小平，不懂什么叫接

触,不懂什么叫谈恋爱,只知道"两口子要团结、讲情义。"

说起往事,徐朝清一脸羞涩。"笑人得很! 我13岁欢喜(指定亲),16岁交待(指嫁人)。"言谈中,她悄悄和她的"小伙子"对望了一眼,两人眼里尽是柔情。

> **爱情名片**
>
> 爱情是人与人之间的强烈的依恋、亲近、向往,以及无私专一并且无所不尽其心的情感。在汉文化里,爱就是网住对方的心,具有亲密、情欲和承诺的属性,并且对这种关系的长久性持有信心,也能够与对方分享私生活。爱情是人性的组成部分,狭义上指情侣之间的爱,广义上还包括朋友之间的爱情和亲人之间的爱情。

美丽新娘惊醒6岁童,发誓要找徐姑姑那样的人

谁说缘分没有天定? 谁说没有一见钟情?

1942年6月的一天,鞭炮声声,唢呐阵阵,邻村一位美丽的姑娘嫁到长乐乡(现长乐村)高滩村吴家,住在村口的刘国江和一群小伙伴一路追着花轿来到吴家。因为,几天前,他磕断了门牙。山村有个习俗,掉了门牙的孩子只要让新娘子摸一摸嘴巴,新牙就会长出来,他便迫切希望这位新娘子能让他的牙得以新生。于是,刘国江比别的孩子更想见到这位新娘子。

在长辈带领下,小国江低着头来到轿子前。当一只兰花般的手从轿前的布帘边伸出,轻轻放到他的嘴里时,小国江忍不住流了滴口水,他紧张地一吮,却咬住了新娘子的手。新娘子用另一只手掀开布帘,小国江仰头发现,仙女般的新娘子正含嗔带怒盯着自己! 轿子走远了,小国江还站在原地发呆……

"发啥子癫,你长大了也要找个这样的漂亮媳妇。"一旁的大嫂大妈开玩笑。

之后,村里人时常开玩笑问刘国江,长大后找个什么样的媳妇,刘国江就会很认真地说:"像徐姑姑那样的人儿!"

这个新娘子就是徐朝清,她从此印在了刘国江心中。但刘国江胆子小,路上碰见总是低头站在路边,悄悄用眼角余光看她走过,自己才敢动步。伴随着这样的偷看,刘国江成长为一个帅小伙。

"那时小,没得那些意思,只觉得她尊贵,我看她一眼就会脏了她。"回忆往事,69岁的刘国江嘴角带着淡淡的笑。

尊贵偶像不幸守寡,19岁小伙偕心上人私奔

10年后,徐朝清丈夫患急性脑膜炎去世,她一下子成了寡妇,独自带着4个孩子,最大的9岁,最小的才1岁。娃儿多,老人不管,还说她克夫。那几年,徐朝清的日子并不好过,她编草鞋卖钱,一双可以卖5分钱。没吃的,她就背着孩子到山上捡火碳子(一种野生菌)吃,没有作料,3分钱一斤的盐她都买不起……

这一切,适年16岁的刘国江都看在眼里,他想帮她,但怕被拒绝,又怕被人笑话,再说,他也不知从何帮起。

一个傍晚,徐朝清背着最小的孩子到村东的飞龙河去打水,不小心掉进河里。刘国江家就在河边,他闻讯赶到,跳进河里救起了徐朝清母子,这也是他第一次正眼看徐朝清。

> **柏拉图式爱情**
>
> 柏拉图式爱情(Platonic Love),以西方哲学家柏拉图命名地一种异性或同性间的精神恋爱,追求心灵沟通,排斥肉欲。最早由Marsilio Ficino于15世纪提出,作为苏格拉底式爱情的同义词,用来指代苏格拉底和他学生之间的爱慕关系。

之后,刘国江常常主动上门帮徐朝清做些体力活:担水劈柴,照应家务。一晃4年,两人都在对方的眼神中读出了些别样的东西。闲话很快传遍整个村子,不断有人找到刘国江,叫他不要为一个寡妇耽搁自己的终身大事,吴家婆婆更是不高兴。也有不少姑娘向他示爱,刘国江理都不理。

1956年8月的一天,刘国江在街上碰到徐朝清,他上前搭话,徐朝清却丢下句:"寡妇门前是非多。"当晚,他悄悄走进徐朝清家,明确告诉她:"我要娶你!"望着眼前这个比自己小10岁的汉子,再望望自己4个孩子,徐朝清边哭边摇头。刘国江急了,一把抱住她:"真的!"

第二天一早,村里人发现徐朝清和她4个孩子不见了,一同消失的,还有19岁的刘国江。

与野兽争食相伴,深山中养大7个孩子

二人带着4个孩子逃到了半坡头山顶——这个地方,刘国江以前打柴来过,知道有两间没人住的茅草屋。

从此,和刘国江、徐朝清相伴的,没有闲言碎语,只有孩子及蓝天白云、大山荒坡、古树野猴。

带去的粮食很快吃完,刘国江就到河里去捕鱼,徐朝清则去挖野菜。他们在山林里摘野核桃、野枣,把木浆树叶摘下晒干,磨成面粉,以备荒饥。一天,刘国江在树上发现了一个蜂窝,他受了启发,开始自己养蜜蜂,酿蜂蜜卖钱,一直到现在。

爱情的基本特征

一，平等性：爱情的平等性是以互爱为前提的。爱情的产生及发展得益于男女双方相互追求、相互爱慕。

二，专一性：每一个人只能爱一个异性，这才是真正的爱情。

三，排他性：彼此相爱的人，他们的关系是非常融洽的。在这个过程中，任何一方都拒绝第三者的加入。

四，依存性：在爱情中，双方相互吸引，彼此不离开对方。在这种情况下内心才感觉到踏实。

他们还在房前屋后开辟了几块菜园，分别种上土豆、红薯、玉米。可一天夜里，一群猴子将即将成熟的玉米偷了个精光。

1957年6月，一场暴雨将他们居住的茅草屋屋顶冲垮，刘国江只得牵着徐朝清和孩子来到山梁上最高的一个岩洞，那儿成了他们临时的家。

最让他们恐惧的不是狂风暴雨，而是山里的野兽。"很多个晚上我都听到老虎在叫，声音好大，地都在抖。"说起老虎，徐朝清至今仍一脸惧色。那晚，她在岩洞里哭着对丈夫说："我好想有间瓦房住"。

刘国江什么也没说，第二天一早，他就带着全家到两公里外的山坳里背泥巴烧瓦。一家人背泥巴背了一年，刘国江用石头砌了个窑子自己烧，又烧了一年，才烧齐所需的瓦。

地坝上，还有一个用竹子做的竹夹，一打就发出巨大的"啪啪"声，这是撵猴子用的。"这几年没听到老虎叫了，可常有猴子来偷粮食，昨天还来了只老鹰，把一个正在生蛋的母鸡叼走了。我不敢打，听说打了要遭枪毙。"刘国江说。

"从山下带来的最小一个孩子5岁时掉进粪坑死了，我们后来又生了4个孩

子,都是'小伙子'接的生。1963年生老三刘明生时,我吃掉了家里最后两个鸡蛋。第二天,我趁他出去打野兔,悄悄上山挖野菜,他回来吓惨了。"用大山里的野菜和兽肉,徐朝清和刘国江将7个孩子拉扯成人,现在曾孙都有了。

爱情语录

爱情是生命的桂冠,摇摆就会让它落地,因为我们的灵魂没有爱情,生活下去就会很消沉。所以,要修正人格,昂起爱情的头颅,自然会时时爱待你所爱的人。爱情是两颗心撞击的火花,爱情的法则是奉献,爱情的桥梁是忠诚,爱情的灯塔是恒久,爱情是智慧的最高艺术,爱情的脚步无法阻挡!

他们有时也会下山,走4个多小时到最近的长乐集市买猪仔、买修路用的铁钎、送孩子到高滩小学念书……

为爱凿路半个世纪,愣头青修成了白发翁

半坡头在高滩村背后的深山中,和村上原本只有一条荆棘丛生的小路相连,当年他们就是由这条路上的山。怕老伴出行摔跟斗,刘国江从上山那年起,便开始在崎岖的山崖和千年古藤间一凿一凿地开造他们的爱情天梯。

每到农闲,刘国江就拿着铁钎榔头、带着几个煮熟的洋芋一早出门。先在顽石上打洞,然后站上去,在绝壁上用泥土、木头或石板筑阶梯。饿了,啃几个洋芋;渴了,喝几口山泉。

现在刘国江已经由小伙子变成了老头子,铁钎凿烂20多根,青山白云间,他奋力打凿,修了半个世纪的山路。

6000多级天梯啊!古往今来文人墨客对爱情的诠释,在这条爱情天梯前,突然显得那么苍白与空洞。"我心疼,可他总是说,路修好了,我出山就方便了。

其实,我一辈子也没出山几次。"摸着老伴手上的老茧,徐朝清很心疼,眼睛里有了泪水。"我还能动!"刘国江伸手为老伴擦去泪。两人旁若无人地互相心疼着,沉浸在他们的二人世界里,似乎忘了有外人在场。

"我们两个一天也分不开。"徐朝清说,小伙子从不让她干重活,50年来,也从来没将她一人留在家里过夜。他们从没到过江津县城,就算中山镇,刘国江也只去过几次,徐朝清则一次也没去过。

不管谁有事出山,另一个准会在天黑前来到山下的大木桥等候,等心爱的人一起爬上爱情天梯回家——桥那头便是凡人的世界,他们没事从不过桥。

坐了一会,徐朝清非要请客人吃饭,说才杀了过年猪。酒菜很快弄好,但家里只有两个酒杯,便用碟子代替。酒过三巡,刘国江突发兴致要唱山歌。"年轻时经常唱,现在老了,没事也和老妈子在家吼两句。"

黄腔白调,徐朝清和刘国江开始合唱《十七望郎》:

初一早起噻去望郎

我郎得病睡牙床

衣兜兜米去望郎

左手牵郎郎不应

右手牵郎郎不尝

我又问郎想哪样吃

郎答应:百般美味都不想

只想握手到天亮

初二说噻去望郎

……

恩爱夫妻最后心愿,百年之后合葬大山中

半个世纪过去了,二老的结婚证早已被虫蛀烂,当年的闲言碎语也烟消云散,但二老仍不愿下山。村里一名叫邹家明的长者说:"恁多年了,没人说啥子了。

当年别人说三道四,他们就不晓得跑到哪去了,前几年才听说在半坡头上,那山恁高,又有老虎,我都没去过。"

二老的女儿们早已嫁出大山,儿子们也出山当了倒插门女婿。因为儿女在山外,老两口近年来与外界接触多了些,但他们仍不喜欢外面的世界。

住在山脚下的三儿刘明生有空就会上山帮父母干点力气活:"我多次让他们下山住,可他们说习惯了山上的生活。"

"她年纪大点,我能照顾她多久就多久。"刘国江说,他们二人约好,谁先走了,另一个就将其葬在山上,然后下山和儿子住,死后要运上山和老伴合葬。"娃儿大了,除了对方,没得啥放不下的,死了能一起葬在这山上就行。"

第三节　深山老人步入尘世

2006年1月,《重庆晚报》将这个杨过与小龙女般的旷世爱情公诸于世。很快,爱情天梯和二老成为媒体热点,国内外百余家媒体先后上山采访,数万名游客陆续而至攀爬爱情天梯。爱情天梯,已成为中山古镇继中山老街后的另一张旅游王牌。

同年7月,刘国江这

> **爱情语录**
>
> 不管她是多么的美貌,还是如此的糟粕,你都要感激她。谢谢她在风雨内,都不退愿陪着你,那是发自内心的爱,因此你应不舍不离。
>
> ——方海权

个连江津城都没去过的老人去南京呆了6天,参加江苏电视台举办的"七夕东方情人节爱情盛典"大型文艺晚会。

8月,二老的爱情入选"当代中国十大经典爱情故事"。一向与世隔绝、不问尘事的老两口是否能从容应对这些打扰他们清修的"凡人"? 这成为许多关心二老的热心游客担心的问题。

鲜见"驴友"

接踵而来的造访者让他们知道了什么叫"驴友"。

徐朝清不明白,为什么大半年来,老有人上山看他们。"出过远门"的刘国江告诉她,这是媒体宣传的结果,他们是为爬这段"爱情天梯"而来。徐朝清也搞不懂媒体是什么,也不晓得报纸是什么。

她们依旧听不太懂别人说的话,也记不清到底来了多少人,在她印象中,最深刻的是一位来自上海的中年妇女,她非要和徐朝清同床而眠。呆了3天3夜后,对方提出要认她当干妈,并为干妈带来好多礼物:衣服、水果、小吃,还有老两口根本没见过的东西。

"一次,一下子来了十多个人,他们晚上就睡在地坝,搭起布篷篷(指帐篷)。结果半夜

下雨了，赶忙收拾起篷篷进屋。我现在知道他们叫'驴友'。"徐朝清笑得露出光秃秃的牙龈："驴友这名字，怪头怪脑的。"

面对接踵而来的造访者，二老一开始觉得有些怕，不知道这些人到底要干什么。久了，他们学会了一个词———"旅游"："原来，他们都是上山来旅游的，没得坏心，不晓得为啥子非要到半坡头来。"

对这些远道而来的热心人，热情的老两口像贵宾一样接待，只有一位中年妇女，他们明确表示反感。"天刚黑，那个女的就只穿点点衣服在猪圈屋洗澡，像啥子话。"在徐朝清眼中，这简直是太伤风败俗了。

对老两口来说，他们的生活和这些人完全不同。

经济观念

见到客人，徐朝清居然问："你们买不买我们的土鸡和蜂蜜？"

多次与外人接触，老两口在陌生人面前不再拘谨，虽然依旧很多话听不懂，但他们的思想观念却有了变化。

"你们买不买我们的土鸡和蜂蜜？真的是土鸡哟。"徐朝清会常常问上山的游客。

在以前，徐朝清根本没有土鸡的概念——鸡就是鸡。随着游客不断到访，他们知道城里人很喜欢买土鸡，而且常常有人高价向他们购买土鸡和蜂蜜。渐渐地，老两口有了商品意识，准备多喂点土鸡卖钱。

见游客拍照,徐朝清也不再惊慌:"我晓得,你那个是相机,可以照照片的,不会杀人血脉。"

回忆起2001年,第一批"驴友"上山无意间发现他们,并打着闪光灯给他们拍照时的情景,老妈子不好意思地笑了。

可现在,这对深山老夫妻知道了:手机可以和很远的人说话,电视里有人动来动去,飞机可以像鸟一样在天上飞,空调可以让屋里变凉快……

出远门长见识

应邀赴南京参加晚会,刘国江在台上说:"我现在想回家,我怕猴子偷包谷。"

2006年7月,刘国江这个连江津城都没去过的老人去南京呆了6天,参加江苏电视台举办的"七夕东方情人节爱情盛典"大型文艺晚会,三儿子和中山镇旅游办主任周吉林陪同前往。"本来老妈子也要去的,由于她怕坐车,没去。"

刘国江生平第一次见到比他们的"爱情天梯"宽得多的马路;第一次见到高楼大厦;第一次坐飞机、住宾馆、坐电梯;第一次看到那么多见都没见过的食物;第一次见到那么多钱——电视台给的4000元报酬……

晚会上,当主持人向观众介

绍完"爱情天梯"的故事，请他站到台上时，刘国江双腿不停打颤，听到主持人问"你现在想跟观众朋友说些什么"时，刘国江脱口而出："我想回家。"全场数千观众愣住了。半晌，他又说："我怕猴子来偷我的包谷。"事后，刘国江才说，其实他最担心的是老妈子，只是台上不好意思说。

"我去了恁多天，老妈子一个人在家我不放心，她摔倒了怎么办，没我陪，她晚上会怕。"

这次出门，刘国江闹了不少笑话——第一次在外面上厕所，面对便槽，刘国江不知道该怎么解决；第一次坐电梯险些摔倒；面对餐桌上各式菜品，他只敢夹小菜；飞机起飞时，他吓得眼睛都不敢睁开；教了很多次，他都不知道怎么开宾馆的房门……惟有到中山陵参观时，他才觉得熟悉一点，一直在说："孙中山，我晓得，我还晓得蒋介石。""去之前，我觉得外面的人一定不好相处,没想到每个人都对我那么好,还看了那么多稀奇东西。"

刘国江在南京6天一分钱没花,他本想给老妈子买点什么,但每次一看价格,就吓跑了。6天来,徐朝清每天都要沿着"爱情天梯"走到山脚下的三儿子刘明生家。7月中旬,刘明生家才安装了一个座机,徐朝清每天都要给周吉林打电话,问小伙子在外面好不好。

"老妈子,电是个好东西,我们也要想办法用电。"这是刘国江回家后说的第一句话。

"煤油灯很好啊,我们照了那么多年,也没听你说哪点不好。"徐朝清看着出远门回来的丈夫像变了个人。

刘国江急了:"老妈子,你不晓得电的用处多大,那光像太阳一样亮,还可以看电视。算了,你没看到过,说了你也不懂,反正我们要想办法用电。"

两月后,儿子刘明生家终于通电,刘国江专程带着老伴下山看电灯有多亮。回家后,徐朝清就急着让老伴去找村里的人给他们通电。

此后每天,刘国江都要给老伴讲南京之行的见闻:外面的人穿得多花哨、那些高楼有多高……"宾馆里的床好软,睡起很舒服,不过,我还是喜欢睡在自己家里。"刘国江说,直到一个月后,他都没跟老伴摆完在外面的见识。

尘封的爱情依旧忠贞如磐石

"老妈子"没能跟自己一块出门,这是刘国江最大的遗憾。

虽然至今不懂"一条山路有啥子好耍的",不懂山外的人为什么这么

喜欢爱情天梯,但刘国江觉得如果有可能,还是可以带老妈子一起出门转转,带她去坐飞机:"现在我也有经验了。"刘国江最关心的是有没有办法让"老妈子"不晕车。

听了丈夫的愿望,望着远方的深山,徐朝清一脸神往:"'小伙子'说外面的人很好,用的吃的东西也好,我只想出去看看,看完就回来——只要和他在一起,哪儿也比不上自己的土窝窝。"

现代文明和古老生活模式的强烈碰撞下,两位老人在经历了惶恐、逃避、好奇之后,已能坦然尝试着接受外面的世界。不变的依旧是那份质朴,那份不染尘垢的爱情,以及那条悬崖峭壁上的"爱情天梯"。

深山依旧,天梯依旧,这份在深山尘封了半个世纪、忠贞如磐石的爱情依旧。

第四节　生离死别

尘世的冲击让刘国江、徐朝清二人也能泰然享受那些山外的文明了,2006年底,他们也用上了电,还有人送了他们一台彩电,他们也可以看电视了。然而,美好的事物总是那么短暂,新的幸福生活在刚刚开始时,就戛然而止——2007年12月12日下午,刘国江突然病逝!

你走了,今后我一个人怎么办

2007年12月15日的半坡头山脚下,那6000级"爱情天梯"的起点处。空气依然清

新,流水依然清澈,桫椤林依然茂盛,空旷的山谷将凄婉的哀乐尾音拉得很长很长……

"小伙子"刘国江的灵堂就设在三儿子刘明生家里。"你走了,我一个人怎么办？"低沉的旋律中,已82岁的徐朝清不停重复这句话——"小伙子"的去世,带走了她的一切,甚至6000级"爱情天梯"于她,都已无意义。

徐朝清不时把脸贴在棺木上,用手抚了又抚。淌下的泪还挂在腮边,新的泪,又溢出眼角。

整整一天了,徐朝清几乎没挪动过身子,静得如同雕塑。她一直木讷地坐在"小伙子"的遗体旁,哀怨地凝视着面前那具黑木棺材。里面,装着那个曾承诺要陪她一辈子、照顾她一辈子的爱人。对徐朝清来说,老伴走后这一天,比她和"小伙子"在山里隐居的半个世纪都要长。"要是不摔那个跟头……"徐朝清喃喃道。

12月7日凌晨3时许,刘国江像往常一样起床去地里看庄稼,猴子、野猪等动物常常半夜来糟蹋。约一个小时后,刘国江回到家,刚在床头坐下,突然栽倒下去!

"小伙子,啷个了？快起来!"徐朝清惊慌扑上去,拼命摇动老伴。刘国江毫无声息。

"刘三(三儿子刘明生),快来,你老汉不行了!"黑暗中,徐朝清冲到半坡山顶,也是"爱情天梯"最顶端,对着山下凄厉地喊,全不顾住在山脚的儿子能否听到。山间,只有她自己带着哭腔的回音,和雨滴打在树叶上的声音。

徐朝清又踉跄着跑回屋,奋力将体重是自己近两倍的老伴扛上床,盖上铺盖——海拔1500米的山顶半夜很冷。

"下山找儿子。"这是徐朝清惟一能想起要做的。她拿起电筒,在夜雨

中冲下山去。

和"小伙子"上山半个世纪以来，这是徐朝清第一次将老伴留在家里，自己一个人走这6000级天梯。

以前都是他牵着她的手，扶她下山，他从不放心她一个人走山路的。但这次，在这个雨夜，徐朝清终于独自下山了——她要救老伴的命！

> ### 爱情语录
>
> 爱情有如佛家的禅——不清不楚。
>
> ——三毛
>
> 爱情确实有一种高尚的品质，因为它不只停留在性欲上，而且显出一种本身丰富的高尚优秀的心灵，要求以生动活泼，勇敢和牺牲的精神和另一个人达到统一。
>
> ——黑格尔

雨夜里，湿滑的天梯上，徐朝清第一次嫌这6000级要走这么久。她一次次摔倒，一次次爬起来……5时许，她终于擂开儿子的房门。

天未亮，刘明生等人已赶到山顶。此时，刘国江已无法开口说话。大家准备抬刘国江下山时，他艰难地举起手，颤抖着指了指橱柜上的全国十大经典爱情证书，和一日本友人为他和老妈子画的像。

众人明白，刘国江是想将这些东西一起带下山——那都是他和爱人绝世爱情的见证。天刚亮，刘国江被抬到山脚下三儿子家。医生诊断：脑血

管破裂，导致脑淤血。

为实现的愿望

此后6天，刘国江一直处于半昏迷状态，徐朝清一直守在身边，几乎没吃过什么东西。6天里，刘国江能做的，只是让"老妈子"拉着自己的手，听她回忆半个世纪以来，在深山老林里，与世隔绝的生活。

每当看到那些带下山来的证书、画像，躺在床上的刘国江就会眼神发亮。

12日下午，刘国江突然有些烦躁，他用颤抖的手指示意"老妈子"将证书和画像放到他身边。

徐朝清给他拿来了，他还在那儿指。大家顺着他的手指看去，是一把放在墙角的、用于打石头的铁锤。

徐朝清突然明白了，她将铁锤拿来，又找来一根铁钎，放在老伴身边，刘国江终于安静下来。

当天下午4时40分，刘国江在他亲手凿出的爱情天梯旁，永远闭上了眼睛。身边，放着最能见证他们绝世爱情的物品。刘国江去世时，他和徐朝清的手仍然紧紧握着，人们拖了好久都没能拖开。

"我们的日子是越来越好过了，你却要丢下我走了，我一个人活着还有啥意思?!"徐朝清的语气很幽怨："经典爱情故事颁奖时，你去过湖南，还坐过飞机。重庆十大感动人物，你又去了重庆，见过那么大的场面。每次，你都说我身体不好，不让我去。你说过哪天要带我坐飞机，坐火车。你还说你身体比我好，比我年轻，会照顾我一辈子。你说话不算话……

徐朝清旁若无人地对着棺材埋怨"小伙子"，语气中，带着往常

爱情语录

真正的爱情能够鼓舞人，唤醒他内心沉睡着的力量和潜藏着的才能。爱情，你的话是我的食粮，你的气息是我的醇酒。爱情使人心的憧憬升华到至善之境。人只应当忘记自己而爱别人，这样才能安静、幸福和高尚。

惯有的嗲声。

小伙子,让我最后看你一眼

2007年12月18日上午8时,霏霏细雨中,刘国江的葬礼正在举行。

一列送葬的队伍,从刘国江三儿子刘明生的家,一直蜿蜒到山脚下一公里外的桫椤嘴。杉树林间,有一个长方形的土坑,就是刘国江长眠的地方。

本来二人约定要死后在半坡头山顶,但徐朝清突然变卦了,她不能忍受小伙子离她那么远。

凌晨4时许,徐朝清就躺不住了,她悄悄起来,掀开棺木,她要见爱人最后一面。没有眼泪,泪已流尽。她就这么痴痴地看着。"4个小时、3个半小时……"那个她爱了半个世纪的"小伙子"即将被送出家门,徐朝清心里不停地倒计时,计算着最后能陪"小伙子"的时间。

8时,徐朝清的目光跟随爱人的灵柩移动。送葬队伍走远了,徐朝清还站在院坝边张望。山里风俗,她不能送他下葬,只能送到这里。徐朝清一双枯瘦而苍白的手紧紧抓住旁边的小树。细雨中,她满面皱纹都似乎颤抖起来。

送葬队伍越来越庞大,市内外近十家媒体记者来了,无数认识或不认识的人来了,他们陆续加入,默默走着。当地很多村民想不通——一个普

通山里老人的去世，怎么会有这么多"外人"关注。

不远处，因为修电站，山脚下那座连接深山与外面"凡人"世界的独木桥被水淹了，仅仅在水面上留下两个木桩，取而代之的是一座钢筋水泥的大桥。小伙子走了，大木桥被淹了，但打凿了半个世纪的6000级"爱情天梯"还在，爱还在，爱情亘古不变。

第五节　双宿双飞圆梦时

刘国江和徐朝清的这个故事在全国引起强烈反响，被评为2006年"中国十大经典爱情故事"。

刘国江于2007年12月12日去世，徐朝清老人独自生活了5年，于2012年10月30日晚21时58分去世，享年87岁。自此，爱情天梯主人双双离世，给后人留下一个感人的爱情故事。

"小伙子"走了，"老妈子"也走了，一段旷世情缘从此成为真正的绝唱。五十年前，重庆江津的刘国江和比他大10岁的徐朝清相爱，"私奔"到海拔1500米深山老林。为让妻

爱情语录

爱情里要是掺杂了和它本身无关的算计，那就不是真的爱情。爱情是真实的，是持久的，是我们所知道的最甜也是最苦的东西。爱一个人意味着什么呢？这意味着为他的幸福而高兴，为使他能够更幸福而去做需要做的一切，并从这当中得到快乐。

子安全出行,刘国江在悬崖峭壁上凿出6000多级"爱情天梯",轰动全国。

思念抑郁成疾希望"小伙子"把她接走

2012年10月30日21时58分,在江津区中山古镇高滩村三儿子刘明生家中,徐朝清终于也追随那个她爱了一辈子的人而去了。

徐朝清的去世让这个原本清静的山坳挤满了人,市内外十多家媒体记者蜂拥而至,还有很多人,正在赶往爱情天梯的路上。

中山镇文化站站长刘栋林告诉记者,一个多月前,徐朝清的精神状态就大不如前了,饮食也不振。中山镇政府曾多次派医生前去给老人看病,发现老人因年事已高,消化功能逐渐衰退,情绪也总是郁郁寡欢。

老人逝世的当天中午没有吃饭,情绪一直十分低落,直到晚上才勉强吃了些水果。家人看到她的精神状况感到很不安,随即电话通知了其他兄弟姐妹。

不一会,老人的大儿子一家和女儿一家都赶到了三儿子刘明生家中,共同陪伴母亲。晚上9时58分,老人落气了,她走得很安详,可能是长期思念老伴导致抑郁成疾。

"妈妈老是反复念叨说爸爸要来接她了,说爸爸比她年纪小,为何要先走。边说边抹眼泪。"和徐朝清一起生活的儿子刘明生说,自从2007年刘国江去世,徐朝清一直在想念他,常常说"小伙子"为她操劳了一辈子,还先她而去,她很过意不去,希望"小伙子"把她接走。

葬礼定在11月4日举行,"爱情天梯"成永恒的追忆。

据中山镇镇长梁翀介绍,高滩村村长在获悉老人逝世的消息后第一时间就通知了中山镇政府。

梁翀告诉记者,他们到达现场时,老人的遗体已经陈列在堂屋,家属为其穿

爱情语录

爱情是一位伟大的导师,她教我们重新做人。·真正的爱情像美丽的花朵,它开放的地面越是贫瘠,看来越格外的悦眼。说到底,爱情就是一个人的自我价值在别人身上的反映。了解爱情的人往往会因为爱情的升华而坚定他们向上的意志和进取精神。

好了寿衣、寿帽、寿鞋，并设置了简单的灵堂。"老人是感动中国的知名人物，她的逝世是我们中山镇的遗憾和损失"。梁翀表示，虽然两位老人相继去世，这一段爱情故事成为绝唱，但爱情天梯依然在，当今社会对纯真爱情的追求依然是永恒的话题。

"下一步我们政府还会继续保存、发掘爱情文化，并会对爱情天梯周边的道路、交通作进一步规划，以便于很多游人来悼念、追忆。"

徐朝清老人的葬礼订于2012年11月4日上午10时举行。遵照她的遗愿，她将永远沉睡在相爱了一辈子的老伴刘国江的身旁。

第七章　军嫂演绎红娘传奇

她出身于军人世家,1968年穿上绿军装后成长为一名副师级军官。退休后本可以安享晚年,但她热爱生活,乐于助人,选择了为单身朋友寻找幸福家园的婚介工作,由于她全身心投入,从一名红娘做起,第一年就促成了众多有情人结成伉俪。品尝着会员们的喜糖,她的心跟终成眷属的有情人一样甜蜜。她热爱这个工作,把她当成了自己的事业。与此同时,经过她和同事共同的努力,京城瞩目的芦珊品牌——北京芦珊婚姻工作室脱颖而出,享誉京城。

第一节　人物解读

个人简介

芦珊,副师级退休军官,1968年参加工作,2000年退休。退休后创建了北京芦珊婚姻工作室,对互联网并不了解的她,首创了网络平台,芦珊婚恋交友网站(ls53),方便异地信息互动交流。2005年当选为中国社会工作协会,全国婚介行业委员会副主任。2006年被聘为民政部下属社团——中国社会工作协会理事。她是一位正直善良、深怀爱心、有智慧、有远见、

芦珊语录

"看到自己的团队促成众多有情人结成伉俪,品尝着会员们的喜糖,我的心里也一样的甜蜜。我们将一直秉承"真诚诚信"的服务态度,为社会各界单身朋友热心服务。祝福每一位朋友都能幸福、喜乐。"

接受新生事物快、充满朝气的公司领军人。在她的领导下,公司已发展成拥有一支优秀员工队伍、拥有数万优秀会员、高成功率、高品位的享誉京城的著名婚恋公司。

个人职位

中国民政部下属社团中国社会工作协会理事

中国社会工作协会婚介行业委员会副主任

中国国家标准技术化委员会委员

北京芦珊婚恋集团创始人

个人事迹

2004年,《北京家庭周末报》。专题报道芦珊女士;

2006年,中央CCTV2Q七夕,专访芦珊女士;

2007年, 被民政部社工协会评为诚信单位;

2008年, 国家指定我司为婚介行业标准起草单位;

2009年,BTV著名主持人潮东访谈芦珊女士;

2010年, 公司被评为中国婚恋行业诚信自律承诺制单位;

2011年,BTV生活频道特别节目访谈芦珊女士;

2011年,《中国日报》海外版,专访芦珊女士;

2012年,美联社,专访芦珊女士。

第二节　安享晚年的红娘生活

北京芦珊婚恋公司——芦珊婚恋网创始人，芦珊女士就给我第一印象，朴实、认真、干练；芦珊女士出身于军人世家，2000年退休后本可以安享晚年的她，却因生活的热爱和乐于助人的精神，选择了为单身朋友寻找幸福家园的婚介行业，从一名普普通通的"红娘"做起，一步步的慢慢的开始创建属于自己事业——2002年芦珊女士的婚姻工作室创立了。

工作室在有智慧、有远见、接受新生事物充满朝气的领军人带领下，从最初的几人的拼搏到如今近百人的企业，从最初纸质办公到如今的互联网平台，从最初搭桥牵线的"红娘"到现在专业婚恋顾问的高素质心理专家团队，从最初艰苦环境到现在近千米平方的办公区域等等变化都体现出芦珊的个人魅力及她的智慧。

芦珊公司的经营理念是与时俱进的紧跟时代脚步发展，真诚诚信的服务，真心服务于各行各业的单身朋友。用芦珊女士的话来讲，我们希望用最真诚的热情，用我们专业的团队为社会服务，为单身者服务。

芦珊经过多年的拼搏和努力,公司和本人也得到了社会各界的好评,获得了国家和社会颁予的诸多荣誉,芦珊女士现为中国民政部全国标准化委员会委员、中国社工协会理事、全国婚介行业委员会副主任。芦珊女士的婚姻工作室在婚介行业得到了社会的认可和青睐。

红娘文化

红娘这个人物"成名"于元代王实甫的《西厢记》。北宋以后,这个故事广泛流传到了南宋被民间艺人改编为话本《莺莺传》和官本杂剧《莺莺六幺》。金代董解元进一步把这个故事改编为《西厢记诸宫调》。王实甫的《西厢记》就是在历史上流传的崔、张故事,特别是在《董西厢》的基础上的再创造。

集团简介

北京芦珊婚恋集团是中国民政部下属的中国社工协会全国婚介行业委员会会员单位。公司坐落在北京交通干线西二环阜成门万通大厦B座11层。芦珊公司面积近1000平方米,办公环境和接待环境都非常的优雅、舒适。公司现有员工近百人,全部网络在线办公。公司设多个服务部门,为会员提供全方位多层次的服务。

一、接待服务部:主要接待国内优秀的单身人士。公司设有舒适的VIP接待间,在与会员沟通时,完全保护会员的私密性;

二、高端客户部:为爱情定制的钻石会员提供尊享服务;公司首席婚姻顾问班底为该级别会员量身定制、悉心提供个性化的服务。

三、大客户部:公司设有专门的贵宾服务小组,该级别

会员可以在公司幽静的贵宾室约见,享受更加温馨的服务。

四、海外交友部:为希望跨出国门寻找异国姻缘的女士服务。我公司与新西兰、美国、香港公司等地的公司合作,拥有欧美国家的男会员近十万,并配备专业的翻译队伍,为想跨出国门,结交异国恋情的女士,提供全程周到的服务。

五、单身俱乐部:我们的单身俱乐部被誉为京城最活跃最认真的活动组织,参加活动的人员素质高、积极性强,活动内容丰富多彩,每次活动都有很多参与者在现场寻觅到了情缘佳偶。

六、网络技术部:负责公司网络办公环境正常运行、公司网站信息处理及更新工作,满足会员网络服务的需求;

七、客户中心服务质检部:专门成立会员跟踪服务质量监督部门,监督婚姻顾问的服务质量,让会员享受到优质放心的服务。

第三节 成功案例

感谢你——帮我创造了一个奇迹

芦珊婚恋是国内著名高端婚介机构,近年来与百合网强强联手,负责百合网的线下VIP会员服务,双方合作可说是资源共享、优势互补。

曹先生是2011年3月28日在百合网注册成为VIP会员的,当时他并没有抱着多大的希望, 只是一种尝试,因为他一直认为自己无法忘却曾经深刻的感情——本来他有一个和谐温暖的家庭,事业有成,生

媒妁起源

媒妁文化在中国文化史和社会生活史上源远流长且殊具特色。媒妁的缘起,最初适应古代社会婚姻制度变革和人类文明进步的时代要求产生的,而不仅局限于经济因素。媒妁的肇始当在对偶婚向专偶婚过渡的父系氏族社会时期,而非专偶婚(即一夫一妻制)形成之后。其起源阶段大致相当于从山东大汶口文化时期至夏文化早期,即约在公元前2500年至前2100年之间。

活富足,夫妻间关怀体贴,家庭生活为人乐道、令人羡慕,可是天有不测风云,几年前,一场意外的车祸让他永远失去了自己的爱妻。

事故发生后他久久不能振作,陷在痛苦中不能自拔,他觉得日子一下子变得寡然无味了。几年过去,家人朋友都劝他,日子还要继续过,你才40多岁,未来还很长呢,还是把过去埋在心底,开启新的生活吧!

出于感激之情,他也去和亲友推荐的女士去相亲,但也许前妻太优秀了,他感觉没有人能取代,也就没有对任何一个与他见面的女士多做留恋。时间在一天天推移,亲朋好友圈子里已经没有合适的人选给他提供了,只能劝他到专业的婚恋网站去寻找,听说百合网是严肃交友的正规网站,他就在这里注册了,刚好分配到阜成门VIP服务中心,遇到了这里的婚恋首席婚姻顾问郭玮老师。

当曹先生把自己的情况原原本本地告诉了郭老师后,郭老师对他进行了长时间的心理疏导,为了缓解气氛,也为了帮助曹先生树立信心,郭老师半开玩笑的安慰他说:你虽然49岁了,看上去给人的感觉也就35岁左右,这么优秀真诚的男士,对感情这么深情执着,一定可以在我们这里找到一位适合你的好女孩。曹先生则认真地说:如果您能帮我寻找成功那可

算是攻克了一个高难的课题,我也没有过多的要求,只想找一个性格温柔的女士。

入会第一周,曹先生约见了第一个人选,这是一位漂亮的女士,曹先生反馈给郭老师的感觉是该女士人很

好,但是两个人的"眼缘"不够,在一起没有合拍的感觉。入会第二周,即2011年的4月中旬,曹先生约见了第二个人选项女士,她有着健康的小麦色肌肤,优雅古典的气质,简单爽快的笑容,性格温和且容易沟通,曹先生觉得与她在一起非常的融洽,虽然项女士比他的年龄小14岁但是这丝毫不影响双方在一起的默契感,曹先生学识渊博,观点独到,对古文化的理解非常透彻,而项女士也欣赏他对古文化的那种热忱和向往。他们彼此包容,心心相印,仅仅四个半月,双方就共同携手去领取了结婚证书。

曹先生特意和项女士带了锦旗来公司感谢郭玮老师,他说真的没有想到:这么短的时间内,你给我创造了一个奇迹。

他找到了事业上的好帮手,生活中的好妻子

两年前的一天下午,我(芦珊,以下称"我")接到了一位外地口音的中年男士打来的咨询电话。从谈话中,我了解到他因为在工作中有较大失误,从领导岗位上被撤换了下来。一个40多岁的男人从一名普通的中学教师做起,经过自己的努力做到了处级干部,应该说是不容易的。他告诉我,他能坦然接受上级的处分,而且,相信通过自己的努力,他会改变现有的状态。然而,让他难以接受的是,这个时候,一直恩爱的妻子却带着儿子离开了他。

第二天,当他出现在我面前时,他那颓废的模样,让我感到痛惜。我没有按照惯有的方式和他谈入会的事,而是尽力去开导他,让他对今后的

生活充满信心。因为我知道，他就算马上入会了，以这样的状态见什么样的女士都是成功不了的，反而让他更消沉。

我们谈了2个多小时。在临走时，他向我表示感谢。看到他略为舒展的眉头，我稍稍舒了口气。

后来我们又通了几次电话，有他给我打的，也有我主动打给他的。我的谈话内容无外乎是让他尽快振作起来。

又过了近三个月的时间，他突然来电话说要来公司看我。从他的声音里，我能听出他的喜悦。看来，我们的谈话起作用了。半小时后，我们又面对面坐在了一起。他告诉我，通过在北京的弟弟的帮助，他成立了一家公司，而且已经接了好几单业务，公司很有发展前景。他准备在北京买房、结婚。我真为他高兴。他要我帮他好好物色一位女士，年龄相当，其他条件差不多就可以了，关键是一定要能共患难、同风雨的人。我很理解他。办好入会手续后，我送他出了门。望着他远去的背影，我下定决心一定要好好帮他。

功夫不负真心人。在我给他约见了第二个女士后，我就

听到了好消息。他们双方都来电话说对对方比较满意，愿意继续来往，做进一步的接触。

他们是在沟通10个月后，正式办理的结婚手续。这期间也不是一帆风顺的。我和那位女士的服务老师要经常给他们做工作，去调解双方的误会和矛盾。告诉他们要珍惜缘分、理解对方、包容对方，还好，总算有了结果。

看到他们幸福的生活在一起，我很高兴，也很欣慰。直到现在，我们还一直保持着联系。有时，我故意逗他们，提起当初为他们劝架的事。他们都很不好意思，又不无感激地说，哎呀，别提了，要不是你们，我们两个非后悔死。

真诚的祝愿，天下有情人终成眷属。

第八章　感动心灵的最美乡村女校长

人物传奇

她是一名80后。十年前,她从师范学院毕业后做出了惊人选择——到偏僻乡下办学校免费教留守儿童。如今,她的希望小学已经有523名学生。她既是校长,也是老师,但她更多的是扮演着留守儿童的妈妈角色。十年间,她曾推着三轮车到大街小巷收破烂,为的是让孩子们有课外书读;她至今仍欠债十万元,却对苦涩生活甘之如饴。她用实践证明着,80后是有梦想的一代。

第一节　人物解读

个人简介

李灵,生于1982年。2002年,刚从淮阳师范毕业的李灵,看到农村有大量留守儿童辍学在家,便萌生了在家乡办学的念头。在父母和亲朋的支持下,她办起了周口淮阳许湾乡希望小学。

在学校,她是校长兼思想品德老师。在她的一手操劳下,这个学校有了7个班,1到4年级各1个,还有3个学前班,300多名学生。

> **感动中国颁奖词**
>
> 一切从零开始,从乡村开始,从识字和算术开始。别人离开的时候,她留下来;别人收获的时候,她还在耕作。她挑着孩子沉甸甸的梦想,她在春天播下希望的种子。她是八零后。

由于所有学生全部免费,学校无力为学生购置教辅读物和课外书籍,而且7年来,李灵为建学校已欠下8万元外债。

感动事迹

2009年夏天,郑州大街小巷。一个衣着朴素的女孩边嚼着干粮,边奋力蹬着三轮车,专门收购小学教辅图书,而且给出的价钱也比一般"破烂王"高得多。

这个场景,被一个名叫"莫笑书生无情"的网友看到。他拍下女孩骑车收书的照片,发到了网上。

"希望每一个曾经有过这种经历的人,可以稍稍给女孩尽一点力量……"写着简短文字的照片,迅速引起巨大反响。

很快,人们知道这个女孩叫李灵,是淮阳县一所农村希望小学的校长;为了让几百名孩子有书可读,27岁的年轻女校长只身来到省城收购旧书。

收书,一个源于普通乡村教师质朴心愿的举动,让无数人为之动容。

李灵的作为，也赢得了由贾平凹、阎肃、崔永元、于丹、金庸、冯骥才、喻国明等35位各界名流组成的"感动中国"推举委员会的喝彩，她被推举为CCTV2009"感动中国"首批30名候选人之一。

这张照片迅速在网上流传，很快人们知道这个女孩叫李灵，是河南省淮阳县一所希望小学的校长。

由于书店的课外书太贵，一本书起码要15元，为了让自己的学生有书可读，她只好蹬着三轮车四处收购旧书。

李灵的事迹经过媒体报道后，很快引起极大反响，她被亲切地称为"最美乡村女校长"。

2009年，她当选央视"感动中国"年度人物。

第二节　八零后的美丽人生

为办学收破烂意外"成名"

李灵的家在河南省淮阳县许湾乡程寺村，离学校三里远。母亲刘桂芝是朴素的农村妇女。"当时灵儿去郑州干啥，俺都不知道。"她回忆，起初全家以为女儿是去游玩。但后来报道出来后，她才知道，女儿原来是走街串巷"收破烂"。

淮阳县是国家级贫困县，也是劳务输出大县，大部分青壮年都离开家乡外出务工，很多儿童长

年见不到父母。李灵说，好多村都没有学校，孩子们面临着辍学。2001年，她从淮阳师范学校毕业后，就开始琢磨办一所小学。"可能跟我的性格有关，我就喜欢跟孩子们在一起。当时我想把自己所学派上用场。"李灵如此回忆自己办学的初衷。

理想是丰满的，现实却是骨感的。李灵的父亲李丙兴是一名执教40多年的农村教师，母亲在家务农，家里经济拮据。仅凭父亲每月1000元左右的工资和母亲养猪种菜的收入，白手起家的李灵很难筹齐办学校的启动资金。

后来，父亲李丙兴帮李灵在附近的曾庄村租下了一片约5亩的空地，并向亲友借了几万元建起校舍。学校办起来后，老师却成了难题。李灵说，起初学校只有她一名老师。无奈之下，她只好拉来跟自己同年从师专毕业的表弟当老师。

油印机、课本等则是李灵从旧物中买来，简单翻修后派上用场。"我有空就去废品收购站或其他学校，一本书，一把椅子，一个电脑键盘，就像老鼠搬家一样，找到一件就像宝一样把它淘回家。"

曾想放弃因孩子而坚持

随着学生不断增多，教辅材料缺乏成了李灵的最大心病。一本故

人物评价

身旁是300多名不同年龄阶段的孩子，背后是那些在外打工父母们心中的挂念与寄托，这位乡村女教师赢得众人尊敬。

——刘姝威

事书从一年级要讲到三年级,还要一遍一遍地讲。

孩子们对书本渴望的眼神,让李灵产生了一个大胆想法:让学生和城里孩子一样也有课外读物。于是就出现了开篇的一幕。

毕竟是27岁的大姑娘,蹬着三轮车上大街收书,李灵有些难为情,也不好意思吆喝。

一位大妈在得知李灵的想法后,把孙子用过的课外书都送给了她。慢慢地,收书的三轮车前热闹起来,很多人逐渐知道李灵的用意。有好心的居民看到她中午啃烧饼,就给她送水。短短15天,她就收到了5000多册图书。

当回到学校时,孩子们围了上来,校园沸腾了。"孩子们比买了新衣服还高兴,那个时候我觉得特别伟大,自己再辛苦点也是值得的。"

李灵告诉记者,学校虽小,事情却千头万绪,有时自己累了一天后双腿都动弹不得,深感一个人力不从心。

2006年,李灵自己也曾想过放弃。但她不好意思说,就让上课的老师先跟孩子们说。然而"孩子们围着我说:'老师你别走,将来我给你买好多漂亮的衣服',还有些孩子从家里带了一把瓜子,还有一个男孩带来了烤地

瓜给我吃,就是想让我留下。我当时眼泪一下子就流下来了,心软了。"在李灵看来,她和孩子们之间难以割舍的依恋是她坚持十年没有放弃的最大原因。

"我就是523个孩子的妈妈"

李灵的名气越来越大,她的希望小学也备受关注。前年学校只有300名学生,如今学校一共有五个年级的523名学生,还有16名教师。甚至邻近乡村的孩子也跑数十里山路,慕名就读。

如今的李灵既是校长,又是思想品德课教师。以前她每天要上7节课,如今她每天只有两三节课。

每天早上7点多,李灵就要去接一些住得远的孩子们上学。"哪个孩子病了,家里有事,我都要掌握。

要是将来能办个宿舍,让孩子们住校就好了。"

学校的办学条件依然艰苦,也是让李灵揪心的地方。学校没有操场,教室门前一块三四百平方米的空地,是孩子们课间玩耍的地方。

眼见明年就要新增六年级的学生,但新校区还没建好,这也让李灵分外焦急,最近一直在四处奔波忙着办手续。

"我也有很无助的时候。比如说学生多了,教室不够

用就要想办法。男人能干的活我都干。白天感觉不到累，小孩子在旁边跑来跑去我很有精神。

孩子们都放学了后，我感觉自己其实很累，一个人的力量实在太渺小了，甚至很惭愧。为孩子们做的还是不够多，恨自己的能耐有限。"李灵感慨地说。

教学区最南端的一间小屋现在是"希望书屋"，存放着学校最近几个月以来受赠的几万册图书。李灵说，每当看着书屋，自己就干劲倍增，因为有这么多热心人士一直在默默地支持。

除了校长、教师外，李灵的身份更多是523名孩子的妈妈。学生病了，她拿出不多的积蓄为他们求医问药。

希望小学的孩子有80%以上是留守儿童。由于长期见不到父母，有些孩子很内向，不愿意说话。

尚未结婚的李灵，不仅要当"妈妈"疼他们，还要读懂孩子的心思。"他们的父母不在身边，已经缺少关爱了。我就是523个孩子的妈妈。我不敢保证我的学生将来都成才，但起码都过得快乐，身心健康。"

如今，李灵的父母都在给她的希望小学免费"打工"。他们居住的小屋是一个由塑料布

经典语录

有人说，面对失败和挫折，一笑而过是一种乐观自信，然后重整旗鼓，这是一种勇气；面对误解和仇恨，一笑而过是一种坦荡宽容，然后保持本色，这是一种达观；面对赞扬和激励，一笑而过是一种谦虚和清醒，然后不断进取，这是一种力量；面对烦恼和忧愁，一笑而过是一种平和释然，然后努力化解，这是一种境界。

搭建成的"临时建筑",顶棚覆盖石棉瓦,不足15平方米。冬日的"穿堂风"呼呼地从缝隙处吹进来。

李灵的母亲帮忙给孩子们做饭、干活,88岁的姥姥则在家种着一亩多地的菜,她也会经常送一些蔬菜到学校,支持外孙女。

不愿麻烦人新校仍缺资金

被媒体报道后,李灵的学校共收到了20万元的捐款。她把所有的账目公开,每笔钱的去向都清清楚楚。除了添置教学用品外,剩余的钱都拿来翻新和新建校区。以前因为建校李灵背上了近10万元的债务,但她却没把旧债还上。"不能用善款去还我个人的欠账,良心上过不去。"李灵表示,还好债主都是自己亲戚,他们也都没催着要。

> **心灵语录**
>
> 有时无言的沉默或者简明庄重的姿势,比大发脾气更有力量;以平和的语调摆事实和讲道理,要比大喊大叫更令对手心惊;宽恕和谅解有时比伤害和侮辱更能够震撼对手的灵魂,令旁观者同情;以友爱、仁慈、赞扬的方式,比用暴力更能改善别人的心灵。

如今，在学校吃饭的学生一顿交一块钱就能吃三四个馒头。尽管如此，李灵还是让食堂尽量把伙食办好点，除了馒头，还有包子，每周学生还能吃油炸丸子。

她坦言，现在最大的困难是建设资金不足。"有时候真是一分钱难倒好汉。我只好一个人躲到角落里哭，哭完还得继续乐观地笑，不能让别人看到我有困惑。"

去年，淮阳县批准李灵14亩地用于新校园建设。新校区距老校区只有几百米，但面积却是原有的3倍。

如今新校园建设仍面临资金不足，不过，资金缺口有多大，她却不愿意透露。

"说实话，现在的困难跟5年前相比根本不是困难，我感觉自己没做什么，社会却给了这么多关注，感觉自己欠下了很多感情债，实在是不好意思再麻烦别人。"

说起新学校，李灵顿时来了神采。尽管新校区只刚刚建起围墙，但李灵说，"最希望的是能建起宿舍和食堂，给孩子们一个温馨的家。

学校门口设个文化长廊，里面是文化大院，除了标准化教室，还要有图书室、电脑室、音乐教室和学生宿舍。用不完的地，可以种点菜，让孩子们自己劳动。"

而让李灵欣慰的是，希望小学的教学质量不错，在全乡数十所学校里一直排

在前五名。

做梦也没想到会代表国家

由于过分操劳,今年才29岁的李灵额头上已有了鱼尾纹,像三十几岁的人。

刚从学校毕业时,身高1.68米的她体重是120斤,现在,李灵的体重只有90多斤。

但她却笑着说:"这样也好,不用操心减肥。"此外,李灵告诉记者,前段时间她还患上心肌炎,最近经常感到心跳加快、胸闷。但她特别交代记者别写出来,以免让父母和学生担心。

但轻描淡写却抹不去李灵所面临的压力。如今在整个河南,李灵都成了名人。尤其是最近入选中国国家形象宣传片,走在当地的大街小巷,都有人认出她。为此,每次上街她都用厚厚的冬装把自己包裹起来,就怕别人认出她。

李灵坦承，成为"明星"让她的学校有了很大变化，有人给学校捐款、捐书，"一穷二白"的学校现在也有了电脑和电视机。电视机主要用来上音乐课时播放音乐、教学片及让学生们收看新闻联播。

第三节　感动中国的人

"别说我是名人，我从没这么认为，更不会飘飘然，如果时间倒回2009年6月18日之前，我没有被《郑州晚报》先发现，没有接踵而至的关注和荣誉，可能会有更多的时间和精力去关爱孩子们……"

自本报率先报道李灵的事迹以来，全国各地铺天盖地的媒体聚焦到这个来自河南农村的女校长身上。

2009年央视"感动中国"人物评选进行得如火如荼，作为候选人之一的她自然受到了社会各界的重点关注。如今的李灵无论是个人还是学校，都发生了翻天覆地的变化。她当初的8万元欠款还上了吗？她的未来愿望又是什么？

李灵成为央视"感动中国"候选人物

2008年6月16日，网友"莫笑书生无情"在博客里动情地写道："下班回家吃饭的时候，看到我们小区门口一个推三轮车收

购废品的女孩,二十七八岁的年纪,衣着朴素,一看就是农村过来的。和别人不同的是,这个女孩只收购小学教辅之类的东西,出价也比别人的高。"

本报在发现这一线索后,立即组织记者分路寻找,先是直奔网友记录的事件发生地,在得知她已离开后,记者又前往周口淮阳寻找。

事隔两天后,在一个暴雨倾盆的下午,记者在她郑州的亲戚家终于守候到冒雨归来的李灵。

这个纯真的姑娘并没有意识到媒体的追访会对她的未来产生什么影响,更不会想到短短几个月后的今天,她竟然能进入央视网"感动中国"。

出名压力大,半年瘦一二十斤

李灵出名了,而且名气越来越大,李灵的河南省周口市淮阳县许湾乡希望小学也随之出名。

2008年7月份以前,该校区所有教职工和学生加起来不过320余人,现在光是学生就有400多人,甚至邻近乡的孩

子也跑数十里山路,慕名就读许湾乡希望小学。

谈起如今聚光灯下的闪耀,李灵表现得并不像个"民星",虽然她现在裹着厚厚的冬装,但仍掩饰不住她明显瘦削的身形。还记得第一次见到李灵时的情景,那时她的身高是1.68米,体重是118斤,而此时李灵体重却不足100斤。

> **留守儿童公益计划**
>
> 这一项目是中英人寿借鉴英方股东英杰华集团(AVIVA)"Street To School"(从街道重返校园计划)的运作经验而发起的公益活动。"星星点灯·关爱留守儿童公益计划"组织受过良好教育的爱心志愿者成立关爱行动队,在为孩子们送去精彩的课程和丰富游戏的同时,带他们畅游书海,帮助他们忘却孤独,在互相关爱的氛围中健康成长。

李灵笑言:"这半年,我一直在变瘦,这样也好,不用去想减肥的事儿,最胖的时候我有120多斤嘞。现在用来应付外界关注的时间多了,压力很大。"

谈起对学校建设的终极目标,李灵坦率地说:"我现在有些迷茫,我见媒体时越来越紧张,诚惶诚恐,就怕做不好,辜负了大家。"

李灵的希望小学今年的教学质量不错,在全乡那么多学校里排名前三,这一点李灵谈起来始终很骄傲。

李灵的下一个目标是兴学,提高教学质量是硬道理。

忘我的女校长

27岁的她个人问题怎么办?李灵羞涩起来:"实在太忙,感情还要讲究缘分,我每天也顾不上收拾打扮,最近因为感冒和压力大又得了心肌炎，有时候会疼得哭，还多亏家人帮着我，否则我真不知道咋办。"

穆老师悄悄地告诉记者，其实也有不少人来为李灵介绍对象，但她实在太忙了都顾不上联系，时间久了人家也不和她联系了。平时李灵需要应对上级的接待采访任务很多，有时她都躲起来，还常发感叹："唉！如果没人注意我多好，我还是做我的农村希望小学校长，多点时间和我亲爱的孩子们待在一起……"

不过，成名的烦恼也不少。

平时李灵需要应对的接待采访也很多，还要经常参加各种会议。

"做梦也没想到我会代表国家，国家给了我这么多荣誉，除了自豪和兴奋外，我最怕别人说我是名人。其实我只是一名普通的乡村教师，做了自己应该做的。有些家长把孩子送来，就说一句话'把孩子交给李灵，我

为了孩子

感动中国

新闻20分 **最美乡村女校长：李灵**

放心'。我就怕做得不好，辜负了大家。"李灵说。

李灵的母亲刘桂芝也只能替她干着急。在河南老家，女孩子到这个岁数小孩都上小学了。

"你看她还不到30岁，皱纹都已经有了，手都粗了。说心里话，俺怕人家说她不像个女孩样儿，办个学人都办傻了，将来谁还敢上门提亲？"刘桂芝说。

春节，李灵的希望小学有46名学生的家长不回家。李灵说，她准备接学生到学校过个团圆年，为他们做一些好吃的。而今年春节，李灵全家也都将在学校的小屋中度过。

"现在我有两个愿望：第一个愿望就是现在学生多了，我希望我的新校区能够早日建成；第二个就是趁着自己还年轻，能站出来为更多的孩子们奉献爱心，成立一个'李灵关心留守儿童基金'，帮助更多的留守儿童上学。"李灵说。

第四节 "最美乡村女校长"成名依然很美

学生:不叫她老师而叫大姨

2008年12月11日上午，淮阳县许湾乡曾庄村。天冷，风寒。李灵的学校紧挨着村子主干道，校名简单，只在门楣上写了"希望小学"四个字，旁边挂着一块黄色匾额：周口幼儿师范学校教育基地。当地村民说，这个匾额以前并没有，"李灵出名后，才挂起来的"。

学校很小，从只有一间办公室的办公区穿过一道围墙到教学区，只有十几步距离。8 间教室分属五个年级,容纳了 460 多个孩子。

教学区最南端的一间屋子辟作"希望书屋",存放着学校最近几个月以来受赠的数万册图书。

学校没有操场,教室门前一块三四百平方米的空地,就是学生们活动的场所。空地角落里放着一个单杠、一个滑梯和一个旋转木马,它们是李灵前几年收购的旧物件,也是学校日常使用的全部体育器械。

孩子们正上课,琅琅书声不时从教室里传来。快下课时,李灵拿着一件崭新的蓝色鸭绒袄,匆匆赶到四年级教室门口,让老师喊出一个小学生。"这孩子太可怜了。"

李灵要找的学生叫高森,家住许湾乡高庄村,今年 10 岁。几年前,高森的妈妈不幸去世,爸爸患了精神病。去年,爷爷和叔叔也相继离世,高森和年迈多病的奶奶相依为命。

高森长得虎头虎脑的,看见李灵就跑过来抓住她的手,叫了声"大

情 感 救 助 站
QING GAN JIU ZHU ZHAN

姨"。李灵把孩子揽在怀里,给他穿上鸭绒袄,整理好红领巾,上下打量着:"嗯,大姨买的衣服正合身呢! 今儿风大,出门别忘戴上帽子。"

心灵语录

心静者高,高者俯瞰世界。心和者仁,仁者包容万物。心慈者深,深者耳顺人生。心慧者爱,爱者笑看天下。劳动不分贵贱,敬业就好;好事不分大小,常做就好;捐助不分多少,爱心就好。

高森摸着新衣,眼睛里忽然涌出泪水,赶紧低头用手背抹了抹,推门进班。

下课了,学生们飞出教室,看到李灵站在操场上,潮水般围拢过来,有的拉胳膊,有的抱着腿,"大姨、大姨"的叫喊声,在小小校园四处飘荡。"这些学生哪,真是缠人。"好不容易"挣脱"了孩子们,"诉苦"的李灵脸上却洋溢着幸福的快乐。

在这个学校,孩子们不喊李灵"老师"或"校长",他们叫李灵"大姨"。按当地民俗,这个称呼几乎等同于"妈妈"。

乡亲:"孩子交给她我们放心"

"李灵是个心地善良的好女孩,把孩子交给她,我们放心。"曾庄村村民曾宪振在希望小学门口开了家小饭馆,几年来,他亲眼看着李灵每天忙碌操劳,从一个胖乎乎的女孩,渐渐变得消瘦憔悴。

曾宪振说,李灵打心眼里喜欢孩子,孩子

第八章 感动心灵的最美乡村女校长 **143**

们当然亲近她。"等俺孙子长大了,就送到李灵的学校。"他说。

　　嫁到外村的曾敏,宁愿把自己4岁的女儿寄养到娘家,托付给希望小学幼儿班。

　　"孩子在学校饿不住,冻不住,伤不住,交给李灵俺不操啥心。"曾敏说,再过几年,女儿准备在李灵的学校上小学,"如果李灵办中学,俺还叫闺女跟着她上学"。

　　希望小学2008年有460多名学生,80%的孩子是留守儿童,其中四分之一来自曾庄。

　　前不久发生在学校的一件事,让更多乡亲对李灵寄予了信赖和厚望——今年8月,李灵带着4个学生乘坐D字头火车,到北京游览长城、鸟巢,参观北大、清华。

　　一个星期的北京之旅,让这些之前连县城都没去过的孩子大开眼界。回校后,4个孩子的学习成绩突飞猛进,有3个名列班级第一名,一个二年级学生是班级第三名。

　　孩子们的经历和巨大变化,轰动了十里八村。

　　"9月份开学一下增加了100多个学生。"李灵说,乡亲们越喜欢她,她越感到责任重大,不能让孩子们在学校有任何闪失,期望他们个个成绩优异,顺利升入中学,考上大学。

父母眼中的女儿
曾常躲在屋里哭

烈日炎炎，脚蹬三轮，走街串巷，收购旧书——今年夏天，出现在郑州街头的这些场景，构成了一帧非同寻常的"李灵映像"，留存于人们的记忆中。

"当时灵儿去郑州干啥，俺都不知道。"李灵的母亲刘桂芝，是个朴实厚道、不善言谈的农村妇女。她说，放暑假，李灵对她爸说想去郑州，她爸以为女儿是去游玩，并没放到心上。

"6月底的一天，有个报社记者找李灵，俺才知道孩子吃了恁大苦！"刘桂芝回忆，记者拿出李灵骑着三轮车的照片，说她在郑州光收小学生用的书，饿了渴了就啃干馍、喝白开水。

"俺心疼得受不了，灵儿是个女孩子，还没成家呢！说心里话，俺怕人家说她不像个女孩样儿，办个学人都办傻了，将来谁还敢跟俺闺女提亲说媒啊？"刘桂芝说。

李灵的家在许湾乡程寺村，离学校三里远。2002年，李灵从淮阳师范学校毕业后，打算办一所小学。"孩子想办学，我当然支持。"教了近40年政治课的中学教师李丙兴忆起女儿李灵当初的决定，说当时就和她结成了"同盟"。

他帮助李灵租用校

址,借遍所有亲朋好友的钱建起了校舍,又聘来十多名老教师。

学校办起来了,油印机、大喇叭、书桌、教具等是李灵从别校淘汰的旧物件中买来的,简单翻修后派上用场。

随着学生的不断增多,民办学校无法享受国家免费教育,教辅材料大量匮乏,成了李灵的心病。

"闺女经常躲到屋里、厕所里哭,我和她爸劝她,说实在不中,学校就散了吧。可灵儿说再难也要办下去,村里很多人出门打工了,留家的孩子不上学不行。"刘桂芝说,看李灵态度坚决,她和老伴在学校搭个窝棚,吃住在学校,陪着女儿。

记者看到,李灵父母居住的小屋四面用塑料布遮挡,顶棚覆盖石棉瓦,不足15平方米的屋内凌乱、拥挤,除了一张大床,就是角落里码放着的几台未开箱的电脑和一些教具。

"这些东西是好心人捐的,不能弄坏了。"刘桂芝说。

时近中午,刘桂芝走进窝棚旁边的厨房忙着烧菜。"几百个孩子在学校吃午饭,俺请了几个亲戚过来帮忙,今天吃大肉烩菜和白面馍。"刘桂芝告诉记者,李灵86岁的姥姥在老家种了一亩地菜,隔几天就让人送来一些。

"叫孩子们上好学,吃好饭。这是灵儿定下的规矩。"刘桂芝说,女儿的话,"不能不听"。

最怕辜负大家的爱

图书6万多册、书柜20个、电脑8部、钢琴一部、电子琴4部、衣物和体育器材若干、捐款11万多元……这些来自社会各界的捐赠，被李灵一一登记珍藏。

"我们缺什么，社会就给什么，这逼着我们要有更大的提高。做不好，良心上过不去！"李灵在郑州收书的时候，许多送书给她的人没有留下名字，这让她觉得很遗憾。后来，只要有人给学校捐款捐物，不管捐多少，李灵一律记在本子上。

李灵经常翻看这个小本子。有空的时候，她会一一打电话或者发短信，向每一个帮助她的人说声"谢谢"，有时她还登门拜访。一个叫陈万春的老人捐了两万元。老人家在新密，李灵选择一个周末，带上两个学生和一些土特产，坐车到新密看望陈万春。

每收到一笔捐款，李灵都会主动询问捐赠人钱想怎么用。一个在外地打工的人每个月给学校捐200元钱，李灵在电话里和他商议好，用这笔钱批发桶装水，解决孩子们喝水的问题。

后来，捐款人给李灵发来一条短信："你念念不忘别人的恩惠，心中常怀感激之情，足以为人师表、学生楷模。"

李灵说，等将来有了新校舍，一定要立一块碑，刻上所有捐助人的名字，一块碑不够用，就再立一块。

在学校，李灵把对捐助者的感恩，化为对孩子们的爱。

按规定，在学校吃饭的学生一顿要交一块钱。"四、五年级的孩子，一顿能吃三四个馒头，一块钱根本不够。"尽管如此，李灵还是让食堂尽量把伙食办得好一点，除了馒头，还有包子，每周孩子们还能吃上一次煮鸡蛋和油炸丸子。

这段时间闹"甲流"，李灵买来十几支温度计和一堆备用药，分发给每个班主任，叮嘱说："小孩有病直接送医院，不管家长来不来，医药费记到学校账上。"

尽管是民办学校，但李灵没有把学校当做"私产"。这学期，李灵还准备把一部分图书借给其他学校用，"必须保管好，再旧的书我也不能让它丢了。"她说。

采访中，记者获悉，淮阳县已经批了12亩地，准备扩建李灵希望小学。尽管建校资金还是个大问题，但李灵已经在规划新校："新学校想建成'品'字形，在门口设个文化长廊，里面是文化大院，除了标准化教室，还要有图书室、电脑室、音乐教室和学生宿舍。用不完的地，可以种点菜，让孩子们自己劳动。"

更让李灵高兴的是，2008年9月开学时，周口师范学院的3名毕业生邵慧莲、李莉莉、毕霞来到学校，要在这里支教两年。其中邵慧莲家在太康县，进校至

今,还没回过一次家。

"李灵姐把学校当成了家,这里条件再苦,我们也都能坚持下去。"揉着冻裂流血的手背,邵慧莲笑着说。

最近一段时间,希望小学的报道占据了从地方到中央许多媒体的重要版面,网友更是好评如潮,称赞李灵是"最美乡村女校长"。

对这些,李灵看得很淡:"我不想看那些报道,也不上网。我不在乎别人咋说,只想尽量排除干扰,做好该做的事儿。我最大的压力,是怕辜负了大家的关爱。"

和李灵道别时,教室里正传来孩子们清脆响亮的读书声。这个隐没在豫东大地的希望小学,不仅孕育着李灵的希望,也正升腾起一个乡村的希望。

第九章　暴走母亲的人间大爱

> 她是一个女人,一个母亲,更是一个重度脂肪肝病患者,可是在得知儿子病重需要进行肝移植时,带重病的她决定减肥,每天坚持走几公里路,而你每餐只吃馒头半个,在暴走七个月后她创造了医学奇迹,"一个患脂肪肝的人不可能在这么短的时间里消除它,更何况是重度的。"医生说,但你做到了,你给了儿子第二次生命,是什么让你那么执著,那么不顾一切,我想那就是爱——母爱。

第一节　人物解读

个人简介

陈玉蓉,1954年出生于湖北武汉,2009年"感动中国"十大人物之一,55岁时患有重度脂肪肝,然而为了割肝拯救患有先天性肝脏功能不全疾病的儿子,风雨无阻每天暴走10公里。7个月的暴走陈玉蓉的体重由66公斤减至60公斤,脂肪肝也消失了,医生连称"简直是个奇迹",这是一场命运的马拉松。她忍住饥饿和疲倦不敢停住脚步。上苍用疾病考验人类的亲情,她就舍出血肉,付出艰辛,守住信心。她是母亲,她一定要赢,她的脚步为人们丈量出一份伟大的亲情。她用行为阐释了母爱齐天,也让陈玉蓉得到了"暴走妈妈"的称号。陈玉蓉的感人事迹也以"暴走妈妈"为名翻拍成一部电影。

母爱无疆

　　暴走母亲,在2009年2月18日之前,她被查出重度脂肪肝,割肝救子之门"砰"地一声被关上。医生说,要救孩子,你先试试减肥,才有可能减去脂肪肝。抱着一丝希望,从此,她奔走在江岸区谌家矶长长的堤坝上。

　　10月25日凌晨5点,江岸区谌家矶堤坝。这条为防洪而建的大坝,全长4.5公里,以先锋村为界,分为东坝和西坝。堤坝下,村庄静谧。"吱呀"一声,先锋村内的一家铁门开了。一个瘦削的女人快速闪了出来,朝坝上走去。她的步子迈得不算大,但频率极快。她的上身挺得笔直,远远望去,似乎只有两条细腿在快速拨动,像被上了发条一样。

　　远处天兴洲大桥上的桥灯,形成了一条光带。借着微弱的光,她飞快地朝前赶。昏暗中,也有一些晨练的身影,但这些身影很快被那个瘦削的女人超越。"减肥那带劲,要那么漂亮干什么?"有人远远地朝女人喊话,喊话的人叫易宙梅,家住堤边,她告诉记者,虽然天没亮,但她一眼就能认出那个女人,因为坝上所有的人中,她走得最快、最急。因为自己做水果生意,每天要起早出门进水果,从年初到9月底,每天都能看到那女人暴走,一天都没有间断。

　　除了易宙梅,记者在村子里遇到的十几个人都知道女人在减肥,但都不知道她

为什么要减肥。春去秋来，风雨无阻，211天，每天暴走10公里。

终于，奇迹发生了，重度脂肪肝消失了。母亲陈玉蓉，再次叩响了割肝救子之门。

第二节　大爱无言

儿子病了18年我要给他一个肝

这个减肥的女人名叫陈玉蓉，今年58岁，1996年从乡办企业下岗，目前在一家建材市场做会计。谈起她，村里人都夸，做事干练、热心快肠，对生病的儿子更是无微不至。但她儿子得的什么病，乡亲们也说不太清楚。

陈玉蓉的儿子叫叶海斌，今年34岁。13岁那年，海斌突然变得说话结巴、连走路都走不直了，他被确诊为一种先天性疾病——肝豆状核病变，肝脏无法排泄体内产生的铜，致使铜长期淤积，进而影响中枢神经、体内脏器，最终可能导致死亡。

陈玉蓉说，尽管知道儿子的病情凶多吉少，但真正让她感到死亡威胁的，是两次大吐血。

2005年8月5日深夜，已经睡着了的陈玉蓉迷迷糊糊听到儿子的呕吐声，当她打开灯，发现客厅里一大摊的血。后来医生告诉她，叶海斌的肝已经严重硬化，需要做移植手术，否则很难说还能活多久。但30多万元的异体移植费用，对这家人来说，是个无法承受的天文数字。她选择了让儿子接受护肝保守治疗。

在陈玉蓉的精心照料下，叶海斌的病情得到很大改善。此后3年间，叶

暴走词解

是指某物失去控制或突然暴发出惊人的能量。这个词出自最早出自神作EVA，在TV版第五话《丽，心的彼岸》中，零号机在启动实验时突然失去控制，疯狂的攻击实验控制室。暴走一词由此而被广泛使用。

肝豆状核变性

肝豆状核变性（hepatolenticular degeneration, HLD）又称威尔逊氏病，常染色体隐性遗传的铜代谢障碍疾病。由Wilson首先报道和描述，是一种遗传性铜代谢障碍所致的肝硬化和以基底节为主的脑部变性疾病。临床上表现为进行性加重的椎体外系症状、肝硬化、精神症状、肾功能损害及角膜色素环K-F环。

海斌结婚、生子，还找了份临时工，但病情的再次发作打破了这一家的宁静。

2008年12月14日夜里，在外出差的叶海斌再次吐血，被送到宜昌一家医院抢救。次日清晨，陈玉蓉坐早班车赶往宜昌，由于漫天大雾，高速公路被封，儿子生死未卜，母亲心急如焚。陈玉蓉默默祷告上天保住他的孩子，她愿意用自己的肝换取儿子的性命。

叶海斌抢救成功了，几天后被转到武汉同济医院消化内科治疗，病情趋于稳定。陈玉蓉也决定履行对上天的承诺，把肝捐出一部分给儿子，并于2009年2月9日住进了器官移植病房。

医生说法

医生：你有重度脂肪肝割了肝可能会死。

一个意想不到的事打破了陈玉蓉捐肝救子的希望。2008年12月31日，陈玉蓉的肝穿结果显示：重度脂肪肝，脂肪变肝细胞占50%-60%。这种情况，一般不适宜做肝捐赠。

考虑到叶海斌病情危急、陈玉蓉救子心切，武汉同济医院为其进行了一次大会诊，最终设计

了一种"折衷"的手术方案。移植手术中，叶海斌保留部分肝脏，陈玉蓉捐1/3的肝脏给儿子。这样，陈玉蓉的肝脏能够为儿子代谢掉体内的铜，同时，陈玉蓉体内的肝脏也基本能维持自身的需要。手术原定于2009年2月19日进行。

就在手术前一天，陈玉蓉被主刀医生陈知水教授叫到办公室。陈教授告诉她，手术前常规检查中，叶海斌被查出丙肝。如果按照既定的方案进行，叶海斌留在体内部分肝脏，会把丙肝病毒传染到即将移植过来的母亲的肝脏，再次导致肝硬化，最终浪费母亲的肝脏。

基于这个原因，叶海斌的肝脏必须全部切除，母亲就需要切1/2甚至更多的肝脏给儿子。可是，母亲患有重度脂肪肝，1/2的肝脏不足以支撑其自身的代谢。无奈，捐肝救子的手术被取消。

感动家人

老伴：她不让我捐肝坚持要走路减肥。

陈玉蓉的丈夫叶国祥和儿媳也想给儿子捐肝，但陈玉蓉断然反对。叶国祥是中国石化湖北石油公司的内退职工，2003年起就在油船上做杂工，每月将近3000元的收入是家里的主要经济来源。陈玉蓉说，儿子出院后要吃药，小孙女要养育，丈夫的身体要垮了，这个家还怎么撑下去？媳妇也不能捐，她还年轻，未来的路还很长。

医生了解情况后，也建议叶国祥放弃，况且叶海斌的病情趋于稳定，还可以再等一段时间。如果陈玉蓉减肥，倒是可以在一定程度上消除脂肪肝。

减肥计划

2月18日，陈玉蓉从医院出院后，当天晚上就开始了自己的减肥计划。由于医生叮嘱不能乱吃药，运动也不能太过剧烈，她选择了走路。

从陈玉蓉家旁的巷子里走上堤坝，左边不远处，就是标志着"2"的一个石磴，这也是谌家矶东坝的起点。陈玉蓉就从这里开始，走到堤坝的终点——一个标志着"4.5"的石磴，走一个来回，正好5公里。陈玉蓉早上走一次，晚上走一次，一天就是10公里。

每天早上，陈玉蓉5点不到就从家里出发。晚上，陈玉蓉一吃完晚饭就要出门，因为堤坝上没有夜灯，她不能回来得太晚。7月的一天夜里，坝上出了车祸：经常散步的一位中年妇女被摩托车撞死了。此后好长一段时间，晚上再无人到坝上走路。唯独陈玉蓉还在坝上走，"什么鬼我都不怕，对于一个女人，还有什么比失去孩子更可怕！"

叶国祥夜夜在船上为妻子担心受怕。他说，有天妻子给自己打电话，说"走不回去了"，眼前一抹黑什么也看不见了，后来在坝上坐了很久，才摸着黑勉强回到家。他常年出船在外，妻子从来报喜不报忧。"那天的情形肯定很严重，要不然她不会说。后来她又一直嘱咐我不能告诉儿子。"

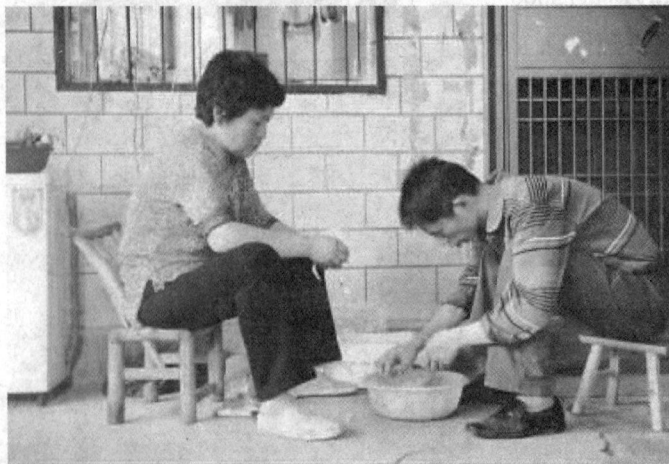

即使不知道这件事,儿子对妈妈还是充满了愧疚。叶海斌说,妈妈每餐只吃半个拳头大的饭团,有时夹块肉送到嘴边,又塞回碗里去。陈玉蓉的大妹妹陈荣华说,姐姐只吃青菜,水煮的,没有油,根本难以下咽。

陈玉蓉的坚持

对自己的节食,陈玉蓉并不满意。她说自己有时太饿了,控制不住吃两块饼干,吃完了就会很自责。每天10公里路,每餐半个拳头大的米饭团,常人难以想象需要怎样的毅力才能坚持。陈玉蓉说:"有时我也感觉看不到尽头,想放弃。但我坚信:只要我多走一步路、少吃一口饭,离救儿子的那天就会近一点。"

奇迹发生

9月21日,微明晨曦中,陈玉蓉看到了一面迎风招展的五星红旗。这让她感到一阵欣喜,莫名的高兴。7个多月来,她的鞋子走破了四双,脚上的老茧长了就刮,刮了又长,而几条裤子的腰围紧了又紧。她觉得是时候去医院检验一下自己的成果了。这面红旗让她感觉是个好兆头。

体重显示:她已从68公斤减至60公斤;肝穿显示:脂肪变肝细胞所占小于1%。脂肪肝没有了!这个结果让陈知水教授大为震惊,当时为了安抚她,说只要努力,半年也许可以消除脂肪肝,没想到她真的做到了。"这简直是个奇迹!"

对此,武汉同济医院消化内科主任田德安也连声感叹:从医几十年,还没有见过一个病人能在短短7个月内消除脂肪肝,更何况还是重度。"没有坚定的信念和非凡的毅力,肯定做不到!"

饮食疗法

在肝硬化的治疗中,为了提供患者身体所需能量,应以高热量、高蛋白(肝性脑病时饮食限制蛋白质)和维生素丰富而易消化的食物为原则。在肝硬化治疗中对于盐和水的摄入视病情调整。禁酒,忌用对肝有损害药物。有食管静脉曲张者避免进食粗糙、坚硬食物。

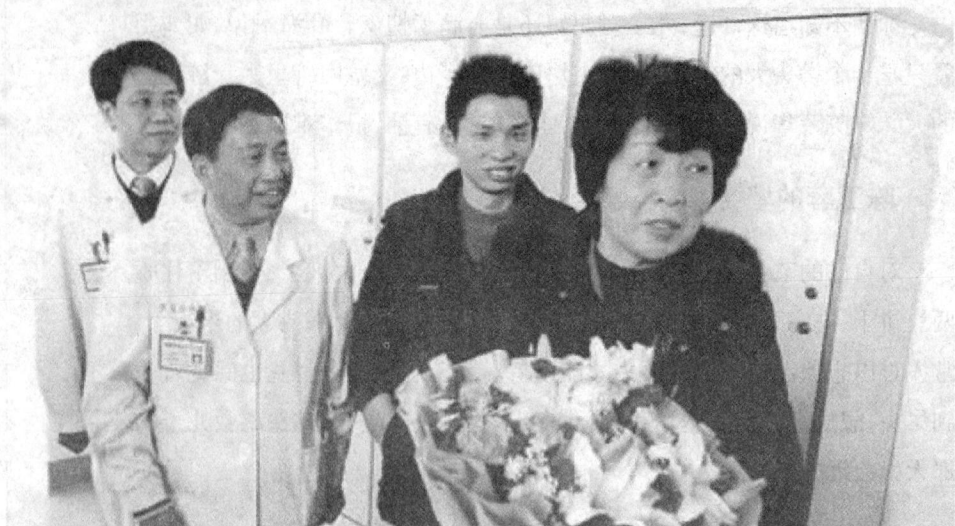

一直走到能救儿子为止

10月19日，在陈知水教授的建议下，陈玉蓉住进医院进行全面检查。24日晚，她做完了核磁共振检查后回了趟家。这是她的最后一项检查，她的老伴也从广水赶回来了。"住院的几天没怎么走路，我心里觉得有点不安，既然回来了，就还是走一走。"25日早晨，当陈玉蓉走完5公里路后，东方已泛起了红色的朝霞，远处天兴洲大桥上的灯仍亮着。

陈知水教授称，未来两天，全院将进行一次大会诊，评估陈玉蓉此次是否可以给儿子捐肝。陈玉蓉平静地告诉记者：如果这次还不能捐，我会一直走下去。

为了割肝救子，母亲连续7个多月日行十公里减肥，重度脂肪肝奇迹般地消失了。11月2日，武汉同济医院器官移植科联合相关科室进行大会诊，一致通过"暴走妈妈"陈玉蓉的捐

重度脂肪肝的发病因素

营养失调主要包括营养过剩和营养不良，长期食用大鱼大肉，油炸食品，甜食等多是营养过剩的原因所致，高脂肪肝饮食，由于脂肪摄入过多，使肝脏的负担加大，从而干扰了脂肪的代谢，脂肪在肝内堆积，而形成脂肪肝。当糖类摄入过多时，过多的糖会转而合成脂肪酸堆积于肝脏。

肝申请。

移植手术

"暴走妈妈"陈玉蓉的儿子叶海斌于2009年11月3日11:03送进手术室进行肝移植手术,武汉同济医院器官移植外科陈知水教授亲自主刀。

上午7:30陈玉蓉被推进手术室,由器官移植所所长陈孝平教授亲自主刀。进入手术室准备,9:00移植手术开始,在同济医院器官移植科相关科室的紧密配合下,手术历时3个多小时,11:15陈玉蓉的割肝手术完成。

媒体评论

"慈母手中线,游子身上衣。临行密密缝,意恐迟迟归。谁言寸草心,报得三春晖。"相信很多读者看到这里都会情不自禁地想起这首孟郊的《游子吟》。诚然,母爱如水,除了接受和感动我们又能真正回报多少,而母爱最高尚最珍贵之处也正在于其不计回报的大爱无私性。正如奥利弗·温戴尔·荷马所言"青春会逝去;爱情会枯萎;友谊的绿叶也会凋零。而一个母亲内心的希望比它们都要长久。"母亲的爱是这个世界上最长久的爱,它的源泉永远不会枯竭!

正是出于对母爱如此伟大和无私的感恩,一代国学大师季羡林先生曾说过:"世界上无论什么名誉,什么地位,什么幸福,什么尊荣,都比不上待在母亲身边,即使她一个字也不识,即使整天吃'红的'(注:指高粱饼子)。"的确,母爱的伟大已超越了

一切,名利如烟云,转头或成空,唯有伟大的母爱才是永恒。也许我们的母亲是最平凡的人,但却仍然是我们最应该尊重的人。

中国有句俗话:家有一老,如有一宝。形象的指出了我们社会应该给予老人的尊贵地位。然而在现实生活中,我们却不得不承认有太多的老人不仅没有被当"宝",反而成了其子女虐待甚至遗弃的对象。最基本的温饱问题不能保障不说,有时甚至还要遭受子女的打骂。频繁出现的老年人自杀事件也进一步证明了孝道缺失已成为当代一个愈来愈突出的社会问题。

"子欲养而亲不待"是很多人心中的遗憾。父母含辛茹苦把我们养育成人,操劳一生,却可能还没来得及享受一点天伦之乐就远离我们而去,而当我们有一天真正了解到父母之爱的伟大和厚重之时,我们才为自己年轻的无知追悔莫及。尽孝需趁早,其实父母对我们的要求并不高,也许只是过年过节的一次团圆,也许只是游子一个嘘寒问暖的电话,更也许只是一个关爱的眼神……

第三节　直击主人翁

"暴走妈妈":我会更好更积极地生活

肝移植手术5天后,昨日上午10时10分,武汉同济医院二号外科楼22楼,"暴走妈妈"陈玉蓉首次出病房活动。

重度脂肪肝的发病因素

缺乏体育锻炼是导致糖尿病、肥胖、心血管疾病等慢病疾病发生的一个重要原因,适量的运动有助于降低血脂,如果运动量过少,内体的脂肪肝就会转化为能量,过剩的脂肪容易堆积肝脏而导致脂肪肝的形成。

5天静养过后,陈玉蓉表情坚毅。"感谢大家,感谢那么多热心人的帮助。相信明天一定会更好!"

11月5日下午,某报记者抵达武汉后,一连4天6次前往同

济医院守候,试图对话陈玉蓉本人。昨日上午10时40分许,陈玉蓉走出病房活动后的第一时间,记者将对话提纲抄写在两页薄薄的草稿纸上,在院方特许下,由管床护士带给陈玉蓉。

两个小时等待后,13时43分,陈玉蓉用颤抖的手对记者的12个提问一一作出回答。这是一次艰难、难忘的独家采访。

记者:重度脂肪肝在很短的时间里治愈是很少见的事情,医生只是为了安抚你,才让您去减肥试一试。您当时为什么就那么坚定地去做了?

陈玉蓉:因为儿子,我才下这个决心。减肥,只有靠减肥,才能减掉脂肪肝,我的儿子才有希望。

记者:家人当时是什么态度?儿子反对您了吗?有没有认为没用,反对你去通过暴走来减肥的?

陈玉蓉:儿子当时当然反对。特别是我的母亲,她已经80多岁了,我们一直瞒着她老人家,她也不同意我的决定。

记者:您通过暴走来减肥,外人不懂您这个举动的目的,还说您"变漂亮做么事",为什么不跟他们解释一下?

陈玉蓉:我这样锻炼,放在别人眼里好像是太过分,因为不管是起风、下雨,还是高温天

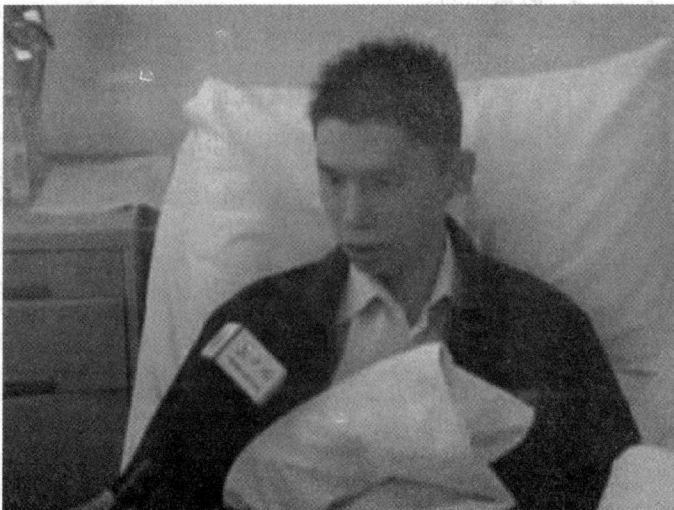

气,我都在坚持。但我不想把心里话告诉别人。

记者:家人说,您的脾气蛮要强,有时也发脾气,但对儿子您却从来不发脾气。

陈玉蓉:是的,不管为人,还是干什么事情,我的脾气都蛮要强。但对儿子,就是从来不发脾气,反而是特别迁就。因为儿子被折磨成这样,只有我做妈妈的能理解。

记者:肝豆状核病变是一种先天性的隐形遗传病,儿子13岁的时候就发现了这个病,他有没有因此埋怨过你们?

陈玉蓉:没有。

记者:据我们了解,您的家境并不算太好。决定给儿子移植肝脏时,有没有想过手术费的问题?如果因为没钱不能做手术,您有没有想过这么辛苦的锻炼最终只是徒劳?

陈玉蓉:我的家境并不好,只有靠锻炼才能减少脂肪肝,我当时就是这么想的。

记者:手术充满风险,但您签自己的手术知情书很快,签儿子的手术知情书却很艰难,并且流泪了。您有没有考虑过自己的生命安危?

陈玉蓉:没有。我相信同济医院的医术是一流的,手术一定会成功。

记者:当时有没有考虑不通过亲属间的肝移植,采用其他器官资源来进行移植手术?

陈玉蓉:想过,我的家人其实都想。但是那需要非常大一笔手术费,我从哪里筹到那么多钱?尽管可以到处借,但以后用什么偿还?我和丈夫都是快60岁的人了。所以,我最终选择放弃其他器官来源,由我自己来配型移植。

记者:这一周以来,全国很多人都知道了您的感人故事,您习惯这样

被关注吗?

陈玉蓉:我没有什么感人的故事,我为儿子做的事情是一个母亲应该做的。我真心感谢全国媒体对我的关爱、关心和关注。

记者:网友亲切地称您为"暴走妈妈",这个称呼您喜欢吗?媒体关于您的报道,有没有看到?

陈玉蓉:我喜欢。手术前在家里我也会看,可是现在暂时不行。

记者:当您出院后,一切慢慢归于平静,您将会以什么样的状态来生活?

陈玉蓉:等我出院后,心里再没什么压力,我要用更好的心情面对将来的生活。

记者:其实术后风险还是很大的,你有没有这个信心来面对?海滨出院后,您对未来有担忧吗?

陈玉蓉:我会更好更积极地生活,想想现在,没有比这更难过去的关,一切会更好。

第十章 托举生命的最美妈妈

　　她是那样的平凡，平凡得没有人能说出她以前曾做出过什么惊天动地的事；但她确实又很伟大，中国人传统的勤劳勇敢、乐观善良、见义勇为等美德的滋养，创造出生命的辉煌；她有一颗赤诚诚的心。无私广博的爱，能带来意想不到的奇迹，爱心能感化任何东西。她用一双最美的手，挽救了一条幼小的生命！一对同住一小区却素不相识的居民，一次伸手相救却让全中国人民感动的事迹。

第一节 人物解读

个人简介

　　吴菊萍，女，1980年生，浙江嘉兴人，2000年加入中国共产党。2011年7月2日下午1点半，在杭州滨江区的一住宅小区，一个2岁女童突然从10楼坠落，在楼下的吴菊萍奋不顾身地冲过去用双手接住了孩子，女孩稚嫩的生命得救了，但吴菊萍的手臂瞬间被巨大的冲击力撞成粉碎性骨折。这一感人事迹在网络上热传，无数网民为之动容，称其为"最美妈妈"。2011年9月12日，吴菊萍和坠楼女孩妞妞相约，回家共度中秋。2011年9月

20日,在第三届全国道德模范评选中荣获全国见义勇为模范称号

人物简介

吴菊萍,1980年生,浙江嘉兴王江泾镇人,来杭州工作11年了,现在做销售客服,老公小陈是富阳人,二人把家安在了滨江,有一个7个月大的孩子。2011年7月2日下午1点半,在杭州滨江区的一住宅小区,一个2岁女童突然从10楼坠落,在楼下的吴菊萍奋不顾身地冲过去用双手接住了孩子,受到巨大的冲击力造成手臂骨折,孩子经过抢救已无生命危险。经诊断吴菊萍左手臂多处骨折,受伤较严重,完全康复可能需要半年时间,但治愈的希望很大。该事件被报道后,在网络上热传,无数人为之动容。当被问及救人动机,吴菊萍回答说:"这是本能,是作为一个母亲应该做的事情。"

她也是一名母亲,事件发生时孩子只有七个月大,还在哺乳期。在坠楼女孩生死关头的瞬间,明知巨大的冲击力会造成伤害,她还是毫不犹豫地伸出手去,这样的牺牲精神让人感动,被称为"最美妈妈"。

在之后的宣传、表彰以及各类报道中,吴菊萍及其家人始终保持低调的态度,她淡淡地说:"我是个普通人,终究还要回到普通的生活中去。"

2012年6月,当选为中国共产党第十八次全国代表大会代表。

第二节 平凡人的伟大壮举

小女孩挂在10楼窗台

事情发生后,网友说,他就住在事发的小区。大概12点多的时候,突然听到外面有人在喊,他探出窗外一看,吓了一跳,一个小孩趴在10楼的窗

台上,手抓着栏杆。

那位网友说,开始他以为有人要跳楼,没想到,在窗台上看见了小孩的两只小脚。后来小脚慢慢往下滑,渐渐地小孩的整个身体都看到了。有几个人开始朝孩子大喊:孩子,别动啊,别动……两个保安跑了过来,站在楼下,不知道怎么办。

梯子也没用

这时,住在9楼的一个住户,搭了个梯子过去,可梯子太短,就在梯子刚伸到小女孩脚下的时候,小女孩突然掉了下去,只来得及改变小女孩的落地姿势。

网友"如何"说:"我当时觉得心突然被重重砸了一下,跟着小女孩一个劲往下掉,嘴巴张得大大的,脑子里一片空白。"

转机

接下来发生的一幕,让在场的所有人都惊呆了。楼下穿着小格子连衣裙吴菊萍女士,估摸着小女孩掉落的位置,张开双臂,在小女孩快落地的

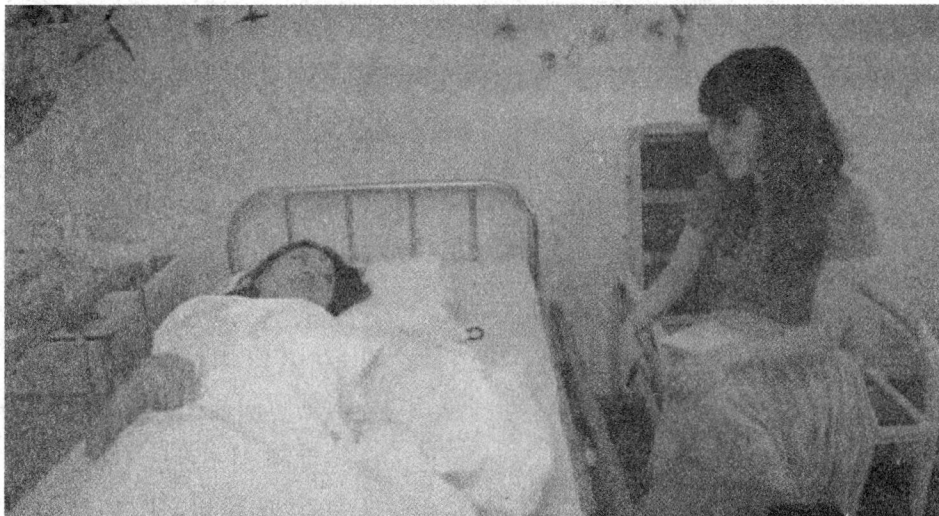

一刹那,用左手臂硬生生接了小女孩一下。

　　网友"如何"说,我们也没看清楚,就听到"砰!"的一声,小女孩落在了楼下的草地上,那女子也昏倒了,小女孩压在了女子的左手臂上。小女孩仰面躺在草地上,头朝东,脚朝西,两人都没了声响,这时,大家都不说话了,气氛静得可怕,他自己也惊呆了,网友"如何"说。"听说孩子掉下来后,嘴角还有血溢了出来。"

　　过了一会儿,女孩"哇——"的一声哭了出来,在场所有人这才松了一口气。随后,保安将其送到医院。

她相当于接了一个300多公斤的物体

　　一位名叫"天青"的网友,在听说了这位妈妈的壮举后,立马用他所学的公式估算出,吴女士接到小女孩的一瞬间,她的手臂承受了多重的重量。"天青"说:一个2岁的孩子,我们假设她是30斤。1层楼,我们算大概3米高,孩子从10层楼掉落,也就是掉落了高度是27米的九层楼,吴女士接住孩子的时候应该离地面大概1.5米左右,那么小女孩儿掉落的高度大概是25.5米。根据物理公式V的平方$=2gs$,孩子砸到吴女士手臂上时的瞬间速度就约等于22.36米每秒。1米每秒等于3.6千米每小时,22.36米每秒等于

80.496千米每小时,也就是我们通常说的80码。

再假定,吴菊萍的手臂与孩子的接触时间是0.1秒,那么根据公式Ft=mv小女孩儿接触到吴菊萍手臂时,她受到的冲力为3354牛顿,按照力与质量的换算公式F=mg,吴女士用手接住了一个335.4公斤的物体。

事情原委

附近邻居说,小女孩只有2岁半,听说孩子出事,物业和保安都赶了过来。小区物业的工作人员说,出事的是1002室的住户,男住户出差去了,女住户上班去了。家里有个老人,听说是孩子的奶奶在家带孩子,也不知道怎么回事,孩子就这么挂在了窗口。

第三节 吴菊萍治疗状况

初步诊断

武警医院骨科X光片显示:吴菊萍左手臂的尺桡骨断成了三截,有骨头断端戳出皮肤,伤势非常严重,需要立即手术。

富阳市中医骨伤医院主治医生金登峰是著名的骨伤科专家,他说像吴菊萍这样的伤势,在尺桡骨骨折中算非常严重的。经过详细的诊断,吴菊萍的伤势治愈可能性95%,完全康复要半年。院方表示,5万元左右的治疗费,将全部由医院承担。

7月8日是吴菊萍进行手法整复后的第三天,X光检查显示:骨头对位情况很好。

伤好出院

9月27号吴菊萍伤好出院,据

> **心灵语录**
>
> 心灵是一方广袤的天空,它包容着世间的一切;心灵是一片宁静的湖水,偶尔也会泛起阵阵涟漪;心灵是一块皑皑的雪原,它辉映出一个缤纷的世界。我们必须学会经常让心灵放个假,做到内心平衡安宁,才能感受到生活的轻松快乐和人生的幸福美好。

医院介绍，吴菊萍的左手臂骨折处对位良好，肿痛已经消失，手臂功能恢复了六成，达到预期效果。出院后，吴菊萍每隔半个月回院复查。如果伤情恢复良好，一个月后就可以拆夹板，约半年时间可基本恢复手臂功能。

状况危急

2011年7月2日，省儿童医院普外科章跃滨医师说，坠楼女孩妞妞算是非常幸运的，刚才给她做了脑部检查，没有发现任何问题——一般从高处坠落的孩子十有八九脑袋受伤，出事的时候可能就救不回来了。妞妞的四肢也没有受伤，没有一点骨折。

章医师说，妞妞的伤主要是内伤，从事发现场送到医院，妞妞一共吐了三次，都有血，肚子胀鼓鼓的。医生推断，妞妞应该消化道有穿孔，就是肠子破了，要立即做开腹手术，发现肠子哪里破了就修补起来，手术可能要进行两三个小时。"孩子还没有脱离生命危险，接下来的72小时非常关键，如果这三天情况比较稳定，基本就没事了。"章医师说，至于以后，消化道受伤可能会减弱孩子的消化吸收功能，生长发育受影响，其他没有大碍。

19:21护士推着妞妞，到三楼

什么是休克

休克由英文Shock音译而来，系各种强烈致病因素作用于机体，使循环功能急剧减退，组织器官微循环灌流严重不足，以至重要生命器官机能、代谢严重障碍的全身危重病理过程。休克是一急性的综合征。在这种状态下，全身有效血流量减少，微循环出现障碍，导致重要的生命器官缺血缺氧。

手术室,妞妞躺在移动病床上,露出纤细的手臂小腿,留着童花头,小脸很圆,右眼下面一片青紫,上嘴唇也肿了。她鼻孔插管,小脸不停地转来转去,轻轻叫了一声妈妈。妈妈趴在床头又笑又哭,"妞妞乖,妞妞没事的。妈妈陪着妞妞……"妈妈摸摸妞妞的小脑袋,亲亲小脸,妞妞微微笑了一下。

7月5日,浙江大学附属儿童医院重症监护中心主任张晨美介绍说,坠楼女孩妞妞的伤情,比前一天有了一丝好转,尽管这样的改善在今后几天还可能出现反复,但妞妞存活下来的希望在增大。张晨美说,妞妞的血压、氧饱和度趋于稳定。仍处于深度昏迷状态,采取人工呼吸机支持治疗,但压眶反射等深度刺激后开始有轻微反应。而在前天,妞妞对任何外界刺激包括疼痛刺激,都没有任何反应。

此外,妞妞休克已经得到控制,腹部多脏器损伤已修补,肢体多发性骨折也已经矫正,肺挫伤也有缓解。但她多脏器损伤,特别是脑损伤仍然非常严重,病情可能随时发生变化,目前尚未度过危险期。

基本平稳

7月8日中午,吴菊萍的丈夫陈建国来到省儿保看望妞妞,并将吴菊萍亲手写的一张卡片留在了妞妞床头,上写"妞妞:菊萍妈妈祝你早日康复,妈妈期盼着与你早日见面!你是最坚强最勇敢的女孩。加油!"

省儿保院长杜立中教授介绍了妞妞的最新情况,"医院组织了最好的专家、最好的设备为妞妞治疗。妞妞昨天中午摘除了呼吸机后一直呼吸平稳。同时,血压,脉搏等生命体征都基本平稳"。杜院长说,妞妞上午作了核磁共振检查,明确存在脑部损伤及胸椎椎体损伤,可能会对神经功能恢复产生一定的影响。妞妞的脑部有持续好转的迹象,

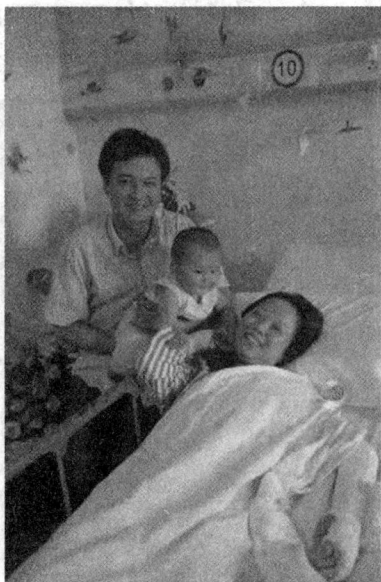

但是神经系统包括运动，语言，智能等方面仍需要较长时间的康复治疗。

苏醒稳定

在十天的昏迷之后,7月12日上午妞妞开口叫了"爸爸、妈妈",奇迹般地醒了。但是妞妞的左边躯体对外界刺激仍然没有任何反应。"妞妞今天会认人了,父母亲进去探视的时候,让她喊爸爸、妈妈,她就会轻轻地喊爸爸、妈妈,"浙江省儿童医院主治医生张晨美在接受采访时说,"应该说,妞妞有点苏醒了。"目前,妞妞的心跳、血压、脉搏等生命体征平稳,已基本度过了危险期,神经功能和脑功能恢复情况也比较乐观。

共度中秋

2011年9月12日上午八点左右,在征得浙二医院同意后,妞妞在爸爸妈妈的陪伴下"请假"回家过中秋。而在经历了坠楼事故发生73天的异地治疗后,已具备出院条件的"最美妈妈"吴菊萍来到妞妞家中探望。

"干妈……"吴菊萍一进门便听到妞妞奶声奶气呼唤她,乐得合不拢嘴。倚在干妈身边,馋嘴的妞妞拿出干果在塞进小嘴的同时,还塞到干妈吴菊萍嘴里,让干妈陪着一起吃。

经过2个多月的治疗,左臂粉碎性骨折的吴菊萍伤势恢复稳定,而妞妞也从生死线上挣扎后奇迹康复,已经可以自己行走和游戏了。

再一次抱起妞妞,吴菊萍感到特别欣慰。"看着我现在看着她又能走又能跳的,我觉得非常欣慰,就是大家这么多的人祝福和关心真的让它变成一个奇迹。"

虽然妞妞的治疗还在继续,虽然吴菊萍的骨折还没有痊愈,但一切都在向好的方向发展。妞妞的主治医生闫伟说,妞妞的恢复非常理想,"8月份我们请美国专家会诊的时候,参与会诊的美国医学专家都感叹没有见过这样的存活例子。UCLA大卫格芬医学院小儿骨科教授威廉奥本海姆还说,'吴菊萍的举动毫无疑问是个英雄,我们越洋见证了一个奇迹的发生。'"

平安出院

9月27日,妞妞治疗恢复取得预想的结果,与吴菊萍同日出院回家。"愿望和现实有差距,妞妞完全康复的过程还很漫长,但她日后成长为一个合格的基本劳动者没有问题。在她未来的成长过程中,我们还将继续根据她的发育情况进行跟踪治疗。"浙医二院院长王建安满含深情地说。目前,妞妞的双眼视力、智力、记忆已经达到正常水平,能自主行走,但左手、左脚还需要进一步康复。对于下一步的治疗方案,医务部主任毛建山介绍除了运动(关节、肌力)训练,步行训练外,将针对妞妞左手拇指曲位的现象,通过矫形支具加强锻炼,使其多主动抓握,防止软组织挛缩。

微博回应

我们应该为她记录这个瞬间,她给自己的孩子提前上了最好的一课。向英勇的妈妈鼓掌!像保护自己的孩子一样去保护别人的孩子,社会才会有希望!你的一托不仅仅救人一命,你托起了中华民族的豪勇。

第四节　感动中国，感动世界

当选十八大代表

一个夏日的下午，记者在阿里巴巴集团见到吴菊萍。眼前的她，笑容依旧甜美，更多了几分成熟和干练。现在，她在集团社会责任部工作，主要负责员工公益活动。吴菊萍和同事新近完成了两个项目：保护水环境的"小鱼治水"活动以及为青川孩子圆梦的"乐橙"行动。

"只有当你真心喜欢一份事业时，你才会设法做得完美，更好地实现自身价值，有种发自内心的幸福感。"她这样评价目前的状态。

现在的吴菊萍，每天都很充实。去学校、戒毒所、未成年人管教所做交流和帮教……今年以来，她参加了10余个公益活动。"我觉得参加这些交流互动挺有意义，可以把自己的人生感悟和体会与其他人分享。"

前段时间，吴菊萍受邀来到省强制戒毒所，与吸毒人员面对面。在那

里,她深切体会到吸毒人员的痛苦。一名刚做妈妈的吸毒者握住她的手,用颤抖的声音表示,"我一定会戒毒!"

每每谈到孩子,吴菊萍的脸上总会带着一种母性的温柔。对"干女儿"妞妞更是如此。今年5月,妞妞过生日时,她特地买了一大堆礼物:小碎花衣服、书包、挂饰,可把小家伙乐坏了。

吴菊萍获得了2011年度"感动中国人物"、"全国道德模范"、"全国三八红旗手"等荣誉称号。

"我只是做了一件普通的事。可我得到的,远比我付出的多。尽管获得这么多荣誉,但我始终觉得自己是一个非常普通的人。等儿子懂事了,我会对他说,妈妈做的,只是一次普通的救人之举。"言语间,吴菊萍透着一种80后少有的淡定和从容。

今年6月,吴菊萍参加了省第十三次党代会。她花了两个多星期走访各地的见义勇为基金会,提出完善见义勇为者保障机制的建议,从而更好地弘扬社会正气。

作为一名党的十八大代表,吴菊萍有何新打算?

吴菊萍说,当选党的十八大代表,我感到很荣幸。这既是莫大的荣誉,也是实在的责任。作为一名来自基层的代表,我会更加关注民生问题,反映老百姓的切身利益和需求,希望能干一些实实在在的事情。

国际反响

接抱坠楼女童的"最美妈妈"吴菊萍引发海内外集体感动。从一个人,到一座城市;从一次感动,到一片赞美;从一种牵挂,到一场洗

礼。一位用双手托举生命更托举出真善美大爱的"最美妈妈",感动了杭州,感动了中国,感动了世界。

美联社、法新社、英国《每日邮报》《每日电讯报》、美国《纽约邮报》、福克斯电视台等欧美媒体,巴基斯坦媒体、中东媒体都报道了"最美妈妈"吴菊萍的事迹。

加拿大广播公司7月5日报道说:吴菊萍能把一个从10楼掉下来的孩子接住真是一个奇迹,我们希望奇迹能够继续,妞妞可以活下来。

阿联酋国家报网站以"一个孩子、一个英雄、一个故事"为题发表评论表示,虽然,我们无法解释这样一种应对突发事件的本能反应,但是如果每个人都能做到这样,那这个世界肯定会变得更美好。

新西兰最大的媒体之一《英文先驱报》对杭州"最美妈妈"吴菊萍一事进行了报道,而且该新闻登上英文先驱报网站首页的显著位置。

世界各地众多网友也纷纷祝福吴菊萍和妞妞早日康复,赞扬吴菊萍是一个"守护天使"。

英国网友"詹姆斯"说:"应该送一枚勋章给吴菊萍。人们喜欢这样的真英雄,而非什么足球或电影明星。"

至少有四分之一的美国网友认为,最近世界上的新闻以负面为主,能在这个时候看到这样一条"好消息",令人备感温暖。

"最美妈妈"的神奇引起了国外网友的赞叹。甚至有美国网民提议,将

今年美国职业棒球大联盟"金手套奖"颁给这位中国母亲——她这一接，将所有职业棒球运动员都比了下去。

社会学家、浙江省社会科学院调研中心主任杨建华认为，"最美妈妈"感动了全世界，凸显了对真善美的追求是全人类共有的价值观。"一个社会的物质财富非常重要，但精神财富更是极其可贵，是一座城市的灵魂。'最美妈妈'的事迹，激发了人们对社会价值、人生价值的思考，这比这件事情本身具有更加深远的意义。"

荣誉和赞美纷至沓来，吴菊萍淡淡地说："我是个普通人，终究还要回到普通的生活中去。"

也许，让平凡的回归平凡，更让伟大渗透到平凡中去，这才是社会对吴菊萍最好的回报。

第十一章　做个诗意而睿智的女子

人物传奇

　　陶思璇是一位情感心理专家,作为心灵的导引师,她可以帮助我们解决许多情感问题。相信很多人都有关注陶思璇微博,微博上陶思璇和大家一起分享心灵成长的快乐与美妙,探索内心世界的丰富与美好。如果你在恋爱中,爱得辛苦、爱得伤痛,却都没有结果,你会觉得自己很悲催吗?如果你悄悄想过:"苍天,为什么我是这样一个苦命女?"那就不妨听听心理咨询师陶思璇的情感故事。她也有未圆的结婚梦,至今还是一个人,但这并不影响她的幸福指数。

第一节　人物解读

个人简介

　　陶思璇,生于1972年,北师大发展与教育心理学研究生,师从心理学家陈向一教授。家庭治疗师、国家心理咨询师、情感关系专栏作家,性与性别研究所研究员,中国单身女性网CEO。

出版作品

　　《33天的爱情魔法》、《向幸福出发》、《欣赏的力量》、《单婚女人:盛开的玫瑰》、《寻找爱的灵魂》、《给最爱的人——实现你心中理想的工作与生活方式》、《很想做个单亲妈妈》

第二节 做自己的设计师

我不是生来就三头六臂

在陶思璇看来，自己其实挺随性的。好比大学时选择了声乐专业，完全是由于当时不想继续念高中，希望直接去读大学，过自由生活，而这一专业比较容易录取而已。但事实上，另一方面，陶思璇又非常清楚自己的选择，在大事情上绝不含糊，这是家庭教育给到她的主见。

思璇的父亲是一位非常开明的家长，从不会把自己无法完成的愿望灌输在孩子身上，并宣称为"为你好"，他一直鼓励小思璇自己做决定，他只会把事情可能发展的方向和结果全部告诉她，所以思璇从小就养成了独立判断的性格，并且失败了也愿意"认栽"，自己做的决定从不会推卸在别人身上，从小就知道如何为自己负责。

思璇最早接触的书籍是西方童话，在其他孩子都在读四格漫画或是在外面玩泥巴的时候，她就已经在读《格林童话》了。《格林童话》中传递出的爱与美深深印在她的心里，形成她最初的世界观和人生观。现在回想起来，思璇依然感谢这本出现在家中的童话故事集。因为孩子在7岁前就会形成对事物最基本的理解，虽然当时她自己也没有意识到，但现在看来，在自己后来的人生里，不管是对爱和美的理解，还是对女性独立思想的确立，包括对心理学的选择，都与童年时代接触到了《格林童话》密不可分。

有趣的是，从此以后，思璇就对西方文化产生了特别的兴趣。

记忆中，很小的时候，当她发现自己无法与父母沟通的时候，当她认为父母之间的沟通有问题。和自己的沟通也有问题的时候，她就有意识地回去搜集一些关于家庭沟通和关爱信息的文章，假装若无其事地放在父母可以读到的地

心灵成长课程

它是指一系列心灵成长(静心)的培训，有利于塑造一个人良好的心灵，心灵的健康与否对事业和家庭生活有着重要的作用。课程一般通过各种方式，帮助学员自我觉察，透过对表面的生命症状，如焦虑、沮丧、恐惧和困惑等，探索其背后的根源和个人生命的模式。觉察消除负面生命症状，让阻塞的能量再次流动起来，让创造力和生命的活力得以苏醒，进而在人际中培养富有滋养性的关系，让个人价值得到更好的实现。

方，希望父母可以看看这些信息，有所反思。虽然大都以失败告终，但是幼年的陶思璇已经在心里产生了这样的意识：家庭问题是可以通过科学的方法来发现并解决的。

初中时代，其他女生都在阅读校园小说、言情小说，思璇已经对神秘学产生兴趣了。她搜集各种神秘学和神秘现象的报道文章，这一与周遭同龄人"格格不入"的兴趣，进一步巩固了思璇独立的态度。

就这样，源于这些有意识和无意识的长期关注，思璇对家庭教育乃至婚恋关系产生了独到的见解，虽然当初选择声乐专业是源于改变生活方式，但在研究生专业的选择时，她选了心理学，并且有幸师从了心理学家陈向一教授，他既是思璇的专业教师，更是思璇的人生导师。

他不仅教授了思璇扎实的专业知识，更重要的是一份心灵工作者的社会责任感，这份素养在思璇之后多年的临床经历，和此后的传媒生涯中，都一直引导着她。

活跃于媒体的情感专家

现在,陶思璇给自己的定位很简单:专家。这不是一个被网民诟病的用词,真性情又洒脱的她在十几年对家庭及婚恋的研究后,正试为中国女性带来一种"独立,自我悦纳,学会爱与尊重"的观念。于是思璇就以特约嘉宾和情感专家的身份,活跃于各大卫视的互动访谈类真人秀节目,虽然这并非她最早计划的发展方向。

思璇最早接触到电视媒体是源于两个实验性的节目:"第十二夜"及"美丽新约"。在"第十二夜"中,思璇担当起"婚姻咨询师"的重任,在因为种种原因婚姻面临破碎的家庭案例下,节目提出了"试离婚"的观点,模拟了离婚后的分居状态,咨询师试图引导每对夫妻,看到婚姻危机下源于缺乏爱与尊重的本质问题。节目以一种鲜活的形式向当事人及电视观众提出了一系列问题,每个人都可以在案例中找到自己的影子,给自己一个对婚姻的反思空间。

虽然《非你莫属》、《婚姻保卫战》等多档节目中有极高的人气,但至今聊起自己参与过的第一个节目,思璇都忍不住表达对它的肯定。这源于她作为一个心灵工作者的社会使命感,她希望可以传递一种观点:家庭最重要的基石就是爱,平时的点点滴滴都为了让家庭充满爱,相反的,如果一个失去了爱的家庭,仍勉强维系,对这个家庭中的任何一个成员都是没有好处的。

虽然这个节目由于最后的导向受到阻碍,但从那时起,陶思璇就致力于传递这种健康发展的家庭观念。

陶思璇语录

爱之深,恨之切,归根究底就是摆脱不了自己内心的占有欲望,总觉得自己已经付出了那么多,他(她)怎么可以就这样转身离开从次再不管自己的死活。我们都忘记了爱本来是一种付出,是你能够让心爱的人活得更快乐,并不是一桩以物换物的交易,没有亏损和盈利,也没有付出得是否值得。

书写畅意人生

陶思璇从来没有放弃过

写作,因为自己喜欢。就像她随性又踏实的态度一样,因为喜欢做这件事,所以可以做好,做好以后,自然会产生一定的影响和效应。

她给许多杂志写过专栏,自己也写过书,谈到她的早期作品《很想做个单亲妈妈》及《单婚女人:盛开的玫瑰》时,很多人会以为这就是她对女性和家庭观念的想法,包括她自己也说,这是容易产生的误解。

回想早期写《很想做个单亲妈妈》时,案例的灵感源于身边一位女性友人,事业有成,还要照顾孩子和家庭,但是她和丈夫之间有着比较严重的问题:缺乏爱,这位女友非常辛苦地赚钱养家支撑着家庭的"完整性"。

思璇写作的初衷就是,她想表达一个观念:如果一个家庭已经到了这样的局面,失去了爱,不如做个单身母亲,自己养育孩子就够了,没必要再去支撑"无爱"丈夫的生活。很多人都有"为了孩子也要继续下去"的错误观点,殊不知,一个没有爱的家庭,对孩子的成长造成更为严重的后果,相比之下,单身母亲也可以给到孩子完整的爱,并且母亲有重新寻找和选择自由的权利。当时由于这个话题态度鲜明新颖,被摘做了书名,陶思璇的理想生活,其实和所有女人一样,完整的充满爱的家庭,是对女性最为理想的。

社会共同营造安全感

陶思璇平时在媒体上为公众解答很多家庭婚恋关系问题,她深深感到,媒体节目中选取的话题一般都比较具有代表性,即便是严重程度在临床中也属于比较浅的范畴,稍加引导就可以帮助咨询者改善甚至解决问题,观众也可以在这个过程中发现自己的影子,自我帮助。然而有一个更重要的话题,陶思璇呼吁社会要引起重视,那就

> **陶思璇语录**
>
> 人际交往像照镜子,你是什么样的心情一定会传染给对方。所以当你信任他的时候他也一定会信任你,当你担心什么事情他也一定会担心。

是"家庭的幸福感和安全感很重要的一部分也来自于社会安全感，你无法要求一个在社会中都缺乏安全感的人进到家庭小环境中能充满爱和信任。"

现在，食品安全，环境问题，乃至社会制度的问题都多少影响了公民的幸福感和安全感，思璇呼吁每个公司和商人，从自身做起，改善环境，改善食品安全问题，这是为我们自身的安全感及后代安全感建立的善举。"只有在这样的大环境下，大家才能够更好地去谈个人的问题。"

中国目前有那么多的"剩女"，也是"安全感"不够的角度造成的。思璇认为，这些所谓的"剩女"大都受过高等教育，眼界比较高。她们在这些漫长的过程中接受了很多西方的观念：既追求女性的独立，生活质量和品位，也追求西方男人的浪漫情怀，同时，骨子里又保持着中国的传统思想，希望在自我独立的同时，也能够兼并中国男人的长情。西方文化很大程度影响了中国女性，但还没到完全内化的程度，就形成了现在大家看到的其高不成低不就的尴尬境地。但她相信，这一切都会好起来的。当有越来越多人致力于心灵成长教育，越来越多人赠人玫瑰，就会让这个世界充满芬芳。